知乎运营

爆款内容 + 实操案例 + 素人掘金 + 品牌赋能

秋叶　张宇微　著

- 抢占新媒体流量洼地
- 个人/品牌掘金指南

北京大学出版社
PEKING UNIVERSITY PRESS

内 容 提 要

伴随着95后、00后逐步踏入社会，越来越多的年轻人在遇到问题的时候，渴望通过更快速、更精准、更具体、更场景化的搜索方式，直接得到想要的答案。在这种需求的驱使下，利用知乎搜索日常生活中常见问题并寻求答案，已然成了他们的生活方式。在新生代消费主力军的驱使之下，越来越多的品牌方布局入驻，试图从中分一杯羹。与此同时，知乎平台对答主每年破亿的投入，也使得很多普通人入驻掘金。

本书详细讲解知乎的平台红利、价值、KOC、KOL的成长经验，以及企业/品牌号、素人号、引流号玩转知乎全平台的技巧，让普通人也能抓住知乎所带来的机遇，并掌握变现玩法。

如果你错过了微博、抖音，错过了B站，那一定不要再错过知乎！本书非常适合想推广自己品牌、寻找流量新洼地、搭建产品网络通路的创业者，以及想扩大自己的影响力和势能的新媒体人、商家、品牌、企业。

图书在版编目（CIP）数据

知乎运营：爆款内容+实操案例+素人掘金+品牌赋能/秋叶，张宇微著. —北京：北京大学出版社，2023.3
ISBN 978-7-301-33788-2

Ⅰ.①知… Ⅱ.①秋…②张… Ⅲ.①电子商务—运营管理 Ⅳ.①F713.365.1

中国国家版本馆CIP数据核字(2023)第036040号

书　　　名	知乎运营：爆款内容+实操案例+素人掘金+品牌赋能
	ZHIHU YUNYING: BAOKUAN NEIRONG+SHICAO ANLI+SUREN JUEJIN+PINPAI FUNENG
著作责任者	秋　叶　张宇微　著
责任编辑	王继伟　杨　爽
标准书号	ISBN 978-7-301-33788-2
出版发行	北京大学出版社
地　　　址	北京市海淀区成府路205号　100871
网　　　址	http://www.pup.cn　新浪微博：@北京大学出版社
电子信箱	pup7@pup.cn
电　　　话	邮购部 010-62752015　发行部 010-62750672　编辑部 010-62570390
印　刷　者	三河市北燕印装有限公司
经　销　者	新华书店
	787毫米×1092毫米　32开本　6.625印张　189千字
	2023年3月第1版　2023年3月第1次印刷
印　　　数	1-6000册
定　　　价	48.00 元

未经许可，不得以任何方式复制或抄袭本书之部分或全部内容。
版权所有，侵权必究
举报电话：010-62752024　电子信箱：fd@pup.pku.edu.cn
图书如有印装质量问题，请与出版部联系，电话：010-62756370

前言

不知不觉间，"95后"正逐步逼近3字头，千禧年出生的一代人也已步入2字头，随着年龄的增长和认知的日渐成熟，他们对生活、学习、穿衣、交通等方方面面的要求正逐步提升，正悄然成为当代消费的主力军。他们喜欢表达，敢于直面权威，更注重效率与科学性，更喜欢简单直接、与专家面对面的交流方式。在这种趋势下，越来越多的"知乎答主"成了他们热捧的对象。知乎平台已经成为这群当代消费主力军排解困惑、寻求新知、交流见解、交换经验的主阵地。

有问题上知乎，俨然成为他们的生活方式。早在2018年年底，知乎注册用户就已经突破了2亿人。伴随着它的不断发展与迭代，现如今，知乎平台已经与小红书、B站一道，被视为"网络生态社区未来三巨头"。知乎创始人兼CEO周源曾在2022中国新媒体大会演讲上透露，当前知乎月活人数已达1亿。截至2022年7月，知乎盐选付费会员已突破1000万。

越来越多的品牌、商家、企业、新媒体人入驻知乎。从半佛仙人到李雷，越来越多的答主通过硬核知识输出火遍全网。天眼查、KnowYourself 等越来越多的品牌和企业通过布局知乎扩大影响力，锁定新生代消费群体。

伴随着知乎的发展，大众对于知乎的态度，也从起初的"好玩吗""怎么玩"发展到了"怎么做""怎么变现""能不能带我做"。笔者在帮助学员探索知乎、玩转知乎、掘金知乎的过程中，总结了许多方法和技巧，同时也见证了许多答主和品牌主的起落。

笔者亲自带领团队从知乎账号运营、知乎文章撰写、最小变现模型测试等各方面进行实践，均取得了不错的成绩，并将经验梳理成了体系化的方法论。为了能让更多人抓住知乎所带来的机遇，笔者萌生了撰写此书的想法，希望能够给准备入局知乎或正在运营知乎的你，打好入门基础。

本书一共分为五个章节，第一章详细阐述了知乎的用户形态、优势、潜力、变现价值；第二章以案例的形式深度剖析知乎上的KOL、KOC、品牌、企业主都是如何运营账号并扩大自身影响力的；第三章详细阐述了知乎平台的内容创作逻辑，手把手教你玩转知乎体系、打造爆品内容；第四章和第五章分别从个人、品牌及企业角度剖析掘金知乎的核心要点。

在这本书中，你将会获得：

【拿来就能用的方法】本书所讲述的方法全部源自秋叶团队一线实操经验，并结合客观数据，通过案例拆解的方式，逐步还原成功路上的实操过程，并以通俗易懂的语言汇总，让人读完拿来就能用。

【系统化的运营思路】本书并非讲述碎片化的操作方法，而是从商业运作角度将实操方法整合汇总，形成完整且体系化的知乎运营思路。让读者了解从早期粉丝积累、粉丝运营，到客需刺激、后期变现与服务的全流程，掌握完整的掘金知乎方法，为自己的个人品牌或企业品牌增加势能，开辟全新变现渠道。

【通俗易懂的语言】本书语言简单直接，开门见山引出论点，让读者可以快速找到重点、快速获取知识、快速为己所用。

本书适用的读者非常广泛，无论是运营新手还是具备知乎运营经验的人，无论是素人还是品牌都能从中得到启发。如果你错过了微博、错过了微信公众号、错过了抖音，那就一定不要再错过知乎！

CONTENTS

第 1 章 趋势：要抓 00 后，必须用知乎 001

1.1 知乎的多元机遇与红利 001
1.1.1 习惯改变："有事上知乎"已成为生活方式 002
1.1.2 求知绑定：知乎已成为年轻人的生活百科 007
1.1.3 欲望满足：用超强获得感满足个体需要 010
1.1.4 多维布局：多点发力让知乎成为社会刚需 015
1.1.5 大势所趋：品牌押注，拉动全新流量红利 018

1.2 精准流量提升商业价值 019
1.2.1 低成本获取流量的新渠道 019
1.2.2 让高精准用户主动上门成为可能 021
1.2.3 让内容创作助力销售增长 023
1.2.4 用户反馈带动品牌口碑裂变传播 025

1.3 横向填补其他平台功能盲区 026
1.3.1 百度知道 VS 知乎：基础和进阶 026

1.3.2　B 站 VS 知乎：娱乐性与实用性 027
1.3.3　小红书 VS 知乎：生活感和专业感 029
1.3.4　微信公众号 VS 知乎：相辅相成，共同发展 030

第 2 章　揭秘：知名答主的成长史 032

2.1　综合型："半佛仙人"靠什么坐拥 170 万粉丝？ 032
2.1.1　借势热门，流量翻倍 033
2.1.2　独特文风，加深记忆 035
2.1.3　巧立人设，火线出圈 039

2.2　知识型：博士李雷如何靠专业出圈并获赞百万？ 044
2.2.1　方向正确，填补空白 045
2.2.2　内容专业，价值聚焦 046
2.2.3　化繁为简，增强传播 047
2.2.4　永葆初心，勤奋如一 051

2.3　品牌型：天眼查如何靠知乎刷足品牌存在感？ 052
2.3.1　借助优势，精准锁客 053
2.3.2　拟人口吻，增进好感 055

2.4　创业型：KnowYourself 如何靠知乎加速商业进程？ 058
2.4.1　率先布局，抢占先机 059
2.4.2　持续深耕，静等风来 060
2.4.3　剖析日常，刚需锁定 061

2.5　经验型："常爸"如何获得 30 万父母追随？ 064

目录

  2.5.1 阅读便捷，干货满满 064
  2.5.2 贴近生活，拿来就用 065
  2.5.3 提醒及时，刚需绑定 066

2.6 **政企型：最高检靠什么赢得百万用户信赖？**.................067
  2.6.1 借势平台，诚意满满 068
  2.6.2 及时同步，广而告之 069
  2.6.3 内容通俗，好懂好记 070

2.7 **阅历型："七优"如何赢得 50 万家长的信赖？**...............071
  2.7.1 多维展示，真实自然 072
  2.7.2 巧用角色，拉近距离 073
  2.7.3 条理清晰，知识硬核 073

第 3 章 攻略：优质内容如何霸屏知乎？ 075

3.1 **怎样的内容布局容易出圈** 075
  3.1.1 综合型：以独到观点出圈 076
  3.1.2 专业型：凭持续硬核干货出圈 077
  3.1.3 故事型：以虐文故事出圈 078

3.2 **提升流量的五个动作** 079
  3.2.1 关注热榜问题并参与其中 080
  3.2.2 为官方运营提供内容素材 083
  3.2.3 找生活共性类问题互动 086
  3.2.4 通过站内信息预估热点 088

3.2.5 利用站外流量指数倒推热点 090

3.3 爆款内容创作的四个原则 **091**
3.3.1 开篇：抓人眼球 092
3.3.2 首段：给出解析 096
3.3.3 正文：亮出干货 097
3.3.4 细节：赏心悦目 098

3.4 专业内容出圈的六个要素 **100**
3.4.1 选题紧贴大众 100
3.4.2 语言通俗易懂 104
3.4.3 内容以小见大 106
3.4.4 避免过多专业词汇 107
3.4.5 风趣幽默的语言 108
3.4.6 例证真实可考 108

3.5 商业内容突围的八个关键 **109**
3.5.1 分析用户画像 109
3.5.2 选题强需求绑定 111
3.5.3 开篇即给惊喜 112
3.5.4 植入产品价值 114
3.5.5 给出解决方案 117
3.5.6 提前消除顾虑 118
3.5.7 形成营销闭环 119
3.5.8 细节优化 121

3.6 影响内容曝光的 6 个细节 **122**

- 3.6.1 创作等级 123
- 3.6.2 数据分析 123
- 3.6.3 盐选作者平台 125
- 3.6.4 个人中心 125
- 3.6.5 账号权重 126
- 3.6.6 进行创作者认证 127

3.7 知乎创作不可不知的雷区与细节 129
- 3.7.1 垃圾广告判定红线 130
- 3.7.2 避开时政敏感内容 130
- 3.7.3 切忌滥用产品功能 130
- 3.7.4 误判违规后如何处理 131
- 3.7.5 遭到诽谤、恶意造谣怎么办？......132

第4章 实战：素人如何掘金知乎？......133

4.1 素人在知乎如何起号？......133
- 4.1.1 通过擅长领域切入 134
- 4.1.2 打造专属人设标签 136
- 4.1.3 巧用细节巩固人设 138
- 4.1.4 做好个人账号认证 140

4.2 素人掘金知乎的4个步骤 141
- 4.2.1 第一步：确立目标，持续深耕 141
- 4.2.2 第二步：打造优势，单点突围 144

4.2.3 第三步：高频输出，价值绑定 146

4.2.4 第四步：数据复盘，持续迭代 149

4.3 素人号的六个变现方式 153

4.3.1 利用赞赏功能获得收益 153

4.3.2 通过视频和直播获得收益 155

4.3.3 通过知乎 Live 获得收益 156

4.3.4 通过付费咨询获得收益 157

4.3.5 通过盐选专栏获得收益 158

4.3.6 通过芝士平台轻创业 158

4.4 素人号持续互动、曝光、增粉的秘诀 164

4.4.1 在内容中直接号召互动 165

4.4.2 利用附加内容锁粉 166

4.4.3 利用私信沟通转粉 167

4.4.4 评论互动转粉 167

4.4.5 利用想法增加互动和曝光 167

4.4.6 利用视频功能扩大曝光 169

4.4.7 利用知乎账号权益推广增加曝光 170

4.5 素人号建立私域资产的方法 171

第5章 赋能：企业及品牌如何掘金知乎？ 174

5.1 企业及品牌在知乎如何起号？ 174

5.1.1 做好账号包装，快速吸引用户 175

> 5.1.2 将账号拟人化，快速获得好感 176
> 5.1.3 做好企业认证，快速获得信任 178

5.2 企业及品牌在知乎掘金的步骤 178
> 5.2.1 第一步：三层圈定，扩大品牌曝光 179
> 5.2.2 第二步：铺关键词，吸引高精用户 181
> 5.2.3 第三步：利用矩阵，打造流量网 185
> 5.2.4 第四步：细节植入，构建营销闭环 186
> 5.2.5 第五步：巧用资源，增加品牌信任 188

5.3 企业及品牌在知乎掘金的典型玩法 191
> 5.3.1 日常获客：强定位 + 持续干货 + 问题锁粉 191
> 5.3.2 新品发售：任务发布 + 权威发声 194
> 5.3.3 品牌造势：热点问题 + 用户互动 195

5.4 企业及品牌在知乎如何持续增值？ 197
> 5.4.1 学会数据复盘，进行持续优化 197
> 5.4.2 利用付费投放，持续为品牌造势 198

第 1 章 趋势：要抓 00 后，必须用知乎

知乎，正悄悄被新生代消费主力军所喜爱。在知乎搜索生活中常见的具体问题，已然成为当代年轻人的生活方式。那么知乎到底拥有怎样的优势？暗藏着多少机遇和红利？它的商业价值究竟在哪？到底适合怎样的品牌、企业、公司、个体入驻？本章将进行详细讲解。

1.1 知乎的多元机遇与红利

"你一般有问题都去哪儿找答案？总感觉搜不到我想要的。"

"要不……你试试知乎？"

用知乎搜索求知、排解困惑、交换经验，在当代年轻人中已经成为一种流行。

现在越来越多的年轻人将知乎社区、知乎问答作为获取信息的主要途径之一。伴随着年轻群体对知乎的依赖与关注，大量与生活密切相关的科普、实操类内容在知乎爆火并"出圈"，流向全网。从"半佛仙人"到"李雷"再到其他高质量答主，他们通过"硬核"的知识输出，被越来越多的人看见与关注。

知乎 2022 年 Q2 财报显示，知乎平台月均活跃用户已达 1 亿，月均

浏览人数超 6.47 亿。目前，已经有 5910 万各行各业的专家、学者、资深人士加入知乎成为创作者，这些创作者已经贡献了超 5.51 亿条高质量回答，覆盖超 1000 个垂直领域。知乎平台也一跃成为全国最大的在线知识问答社区。

那么，知乎为什么能够吸引如此多的人使用？它的势能又是如何崛起的？其成功的秘诀到底是什么呢？

1.1.1 习惯改变："有事上知乎"已成为生活方式

据统计，在知乎平台内用户提问最多的，是与生活相关的问题。"有事上知乎"已经成为当代大多数年轻人的生活方式。他们更迫切地需要"简单、直接、快速"地找到"切实可以操作，操作后就能解决问题"的答案。谁能够满足这一需求，这批新生代消费主力军就会对谁产生好感甚至是依赖。

知乎平台恰好抓住了这一点。不仅在创立之初就邀请各行业多位专家、学者、资深人士入驻，在内容输出上占据了极大的优势，同时优化了站内信息检索方式和使用体验，让用户能够从多角度看到不同答主的回复、关联问题和答案。这种内容呈现方式，不仅给足了用户思考空间和参照空间，而且还对用户后续可能遇到的问题进行了预估和提醒，可以说是实现了真正意义上的一站式满足。

下面，就以"养猫"的问题为案例，进一步拆解知乎到底是如何获得当代年轻人喜爱，并锁定这批新生代消费主力军，让自己成为他们生活的一部分的。

1. 更具实操性、更完整的知识呈现

传统的搜索引擎向用户提供的结果，是对互联网相关内容的简单整合，并不能针对具体问题提供切实可操作、更贴近自身实际情况的回答。例如，用户通过百度引擎搜索关键词"养猫要做什么准备"，结果如图 1-1 所示。

图 1-1　百度关于"养猫要做什么准备"的搜索结果

从截图可以看出,百度搜索引擎展示出来的答案中,排名第一的答案内容比较概念化、流程化、偏浅显,而其他排名相对靠前的答案又多为相关的广告推销内容,不仅无法满足用户获取知识的需求,还容易招致用户的反感。

在知乎搜索相同的问题,得到的结果如图 1-2 所示。

图 1-2　知乎关于"养猫要做什么准备"的搜索结果

在知乎搜索"养猫要做什么准备",会弹出 1800 多个回答,内容维度非常多,回复更具体、实操性更强,能够让用户从自身心理建设、选猫、选猫粮、选猫的日常用品,到"刚养猫该做什么"再到"养猫不该做什么"都能有全面了解。

而且,知乎还针对上述不同维度横向提供了不同具体情况的类比,用户能清晰地了解"像我这个收入水平,能给猫提供一个怎样的生活条件？适合养什么样的猫？怎么给猫选口粮"等各类相关问题的意见和建议。

要知道，当用户搜索"养猫要做什么准备"的时候，其实他（她）并不只是想了解字面意思，本质上问的是"我这个情况想养猫该怎么选？猫都有什么品种？后续该怎么养"等一连串的问题。

只是在养猫之前，用户不懂养猫，大脑里并没有关于养猫的经验，因此不能自己拆解养猫步骤，具体地问出"猫该咋选？××猫该吃啥"这类更具实操性的问题，然后再去逐一搜索并寻找答案。

这个时候，多做一步，把用户可能需要的、将来可能遇到的问题及相关内容全部呈现出来，就显得尤为重要。

知乎满足了用户"高效找答案，且看完答案马上就能用"的需要，还能帮助用户在浏览答案的过程中建立成体系的知识库、了解完整操作流程。同时还向前一步，告知用户未来可能遇到的问题及相应的解决方案。

更重要的是，整个过程中，平台并没有剥夺用户自主思考的权利，给足了用户空间感、尊重感和自由感。这些，都恰好吻合当代年轻人的个性和求知欲。

2. 更便捷、更省力的使用体验

就算事先了解再多知识、做好再多准备，用户在养猫的过程当中仍然会遇到这样或者那样的问题，需要持续提升养猫的相关知识，通过持续和其他人讨论养猫日常解决更多更实际的问题。针对这种情况，知乎平台的"圆桌话题"就发挥了作用。

通过传统搜索引擎搜索到的答案不仅信息不全，提供信息的平台也非常分散。从小红书、微博、百度百家号、百度文库，到一些宠物网站、宠物论坛都包含在内，如图1-3所示，用户在浏览答案的时候只能不断出入不同的平台并查看内容，不仅浏览内容的体验不好，收藏也麻烦，万一觉得哪条答案比较好但当时没有保存，事后再想查找就非常困难。

而用户在知乎搜索某问题的答案时，相关话题下会提示圆桌话题。

仍旧以"养猫"话题为例，通过搜索可以发现，"喵喵总动员"这个圆桌话题下就有近千个答案。如图 1-4 所示，此圆桌话题能够从不同方向详细地解答用户在养猫过程中遇到的绝大多数问题，不需要再去其他渠道逐一搜索。在知乎圆桌话题下，一个关注就能满足需求，这种超方便的信息聚合方式，也让更多用户爱上了这个平台。

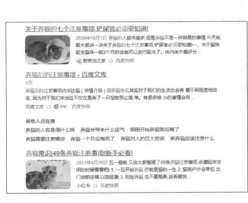

图 1-3　百度搜索结果

图 1-4　知乎圆桌话题

3. 更客观、更通透的购物感受

用户在养猫的过程当中，一定会产生消费，如购买猫粮、猫罐头、猫窝等产品。若只看电商平台内商家提供的商品介绍或者推荐方的质量评测信息，往往不够全面，还很容易被品牌方或商家诱导消费。知乎作为第三方平台，通过专业人士的内容输出来为消费者的决策提供更多信息，大大降低了用户的决策成本。

例如，在之前，如果想要买猫粮，用户只能去各大电商平台搜索"猫粮"二字。而进入搜索结果中的商品详情页可以发现：传统电商卖家所展示的详情页信息非常有限，而且缺乏同类产品的对比，往往是根据某个产品本身总结出的卖点和亮点,如图 1-5 所示。至于是不是吻合用户所养的猫的需要,是不是贴合用户的个性需求,都不得而知。

当用户在商品问答版块进行提问时,往往很久才有人回答,或者只有卖家回复。这难免显得有些一言堂,让用户无法客观界定商品的好坏,如图 1-6 所示。

图 1-5 传统电商商品详情页

图 1-6 传统电商提问版块

如果通过知乎搜索关键词"猫粮推荐",最热问题下拥有 1257 个回答,按照回答质量,答主可以轻松从猫的年龄、猫粮的成分进行客观分析,对比不同品牌猫粮的优劣。

在回答中,也会呈现与知乎合作的电商链接。用户在看完客观分析后,可以凭借刚刚获取的知识,直接点击链接进行浏览,从而有选择地进行购买,如图 1-7 所示。这种客观解析+电商产品承接的闭环模式,给足了用户了解自身情况、横向对比产品的空间。

第 1 章 知乎 趋势：要抓 00 后，必须用知乎

图 1-7 "猫粮推荐"话题及回答

1.1.2 求知绑定：知乎已成为年轻人的生活百科

知乎做对了什么，才会跃升为现代年轻人的生活百科？本节将介绍知乎是如何打造出一站式服务的内容体系的。

1. 各行业硬核作者齐聚，让内容广度深度兼具

在互联网博客论坛时代，大量的内容创作者利用个人博客或论坛，探讨生活里遇到的问题，因此形成了天涯论坛、汽车之家等以优质内容见长的知识社区。

2011 年知乎上线，继承了博客的优点，邀请了大量专家、学者及各界专业人士入驻。同时又融合了论坛的优势，通过整合不同论坛的用户资源，吸引互联网主流文化和亚文化圈子人员、论坛版主，为充满知识分享精神的人群提供了更优秀的创作平台。这让知乎的内容广度和深度都拥有了强有力的保障。

现在的知乎，几乎集中了各行各业的精英，从天体物理学的博士到

飞机设计工程师,都可以利用空闲时间在知乎回答提问,把自己的专业知识通过图文的形式传达给用户。

例如,在"探测器"这一问题下,天文学话题优秀答主"天仓五"就从自己的专业角度给出了相当"硬核"的答案,如图1-8所示,这类答案在其他平台上几乎是不可能找到的。

图1-8 用户"天仓五"的回答

2. 趣味与通俗兼具,让知识更易懂、更易传播

俗话说:"兴趣是最好的老师。"学习一项知识首先要对其产生兴趣。

科学技术、医疗健康等高精领域，原本并不为大众所熟知，而知乎社区中各行各业的"硬核"作者，却能通过图文并茂的展示、深入浅出的分析，将晦涩难懂的专业知识加工成浅显易懂又非常有趣的内容，展现在大众眼前，在科普之余增加了趣味性，让专业内容也变得"平易近人"。

3. 知识供给形式丰富，满足多场景学习需要

只是搜索答案和交流互动还不够，针对有付费能力、想要持续深入学习的用户，知乎平台也提供了多种形式的付费内容，供用户在多种场景下学习使用。付费内容主要包括盐选专栏、Live讲座、读书会、杂志等，可以让用户在临睡前、等车时等多种场景下选择不同的内容进行学习。

以盐选专栏为例，盐选专栏是由用户创作的专业付费内容专栏。与电子书等其他内容不同的是，在盐选专栏创作的内容，知乎会根据质量及话题进行归类，在相关内容的信息流中进行推荐，如图1-9所示。用户可以在话题下直接付费浏览及收藏，节省搜索的时间，满足了既不想拿出大段时间看书、听课，又想深度且快速了解相关内容的用户的需求。

图1-9　盐选专栏回答

4. 实时深度解析热点，满足用户寻求真知的渴望

伴随着大众受教育程度的不断提升及视野的不断开阔，当热点事件出现时，用户不满足于知道这件事本身，更渴望通过该事件以小见大，了解事情的前因后果、事件背后隐藏的真相及相关知识和原理。

这个时候，传统资讯获取类软件明显不够用了，它们提供的多是简短的新闻通稿。一方面，新闻通稿有精准报道、信息量较少的特性；另一方面，通稿下方的评论内容也大多为用户主观情绪的表达，这些都不利于用户快速了解事件全貌并形成客观认知。

在知乎，用户往往会对最新的社会热点事件发起提问，大量创作者会对热点事件进行实时分析并给出自己的见解，热点问答也往往容易被推送至知乎热榜，被更多用户看到。同时，拥有专业领域知识的"硬核"答主们，往往也能给出比其他平台更专业的回答，让用户对事件有更深入的了解。

1.1.3 欲望满足：用超强获得感满足个体需要

对于新媒体平台而言，如何增强用户黏性，使其成为平台的核心用户，一直是一个重要的问题，特别是对于泛知识类平台而言，平台内容完全来源于用户产出。那么知乎是如何锁住年轻人的？知乎平台在提升用户黏性方面又做对了哪些？

1. 多维度的心理酬赏，激发更多创作欲望

俗话说得好，"万事开头难"，内容创作者的创作欲望并非与生俱来，大部分创作者在创作之初都会有一段粉丝积累期，这个时候，创作者辛苦输出的内容，常常得不到很多的关注，创作者也很容易产生畏难情绪和自我怀疑心理，觉得"反正也没人看，不如不写了"。一旦此类念头在创作者的大脑中占据上风，往往就很容易放弃创作。

基于此，知乎平台设置了专门的"邀请机制"，即系统会根据算法主动将用户可能感兴趣的、等待回答的问题推送到创作者面前，给创作者以"有人想知道答案,不会输出了内容没人看"的心理暗示,如图1-10所示。同时也直截了当地告诉创作者"你的回答对平台、对平台上的用户都很重要",进而激发了创作者的创作欲望。"存在待回答的问题"就表明有人想知道答案,不用担心出现"输出内容没人看"的情况。收到了预先支付的心理酬赏作为定金,一些原本只是单纯浏览内容的用户都可能转化为创作者,从而为知乎平台带来全新生机。

图 1-10　知乎的邀请回答

当然,知乎平台对创作者的心理酬赏并不局限于主动邀请用户回答问题、预先支付心理酬赏这么简单。平台独特的算法还会根据创作者的浏览习惯匹配相关领域的问题。常读专业内容的创作者,平台就为其匹配稍专业的问题;常读生活类内容的创作者,平台就为其匹配生活类的问题。此举能让所有人都能够游刃有余地参与到知乎平台的内容建设中。有生活经验的人分享生活经验,专业知识储备强的人分享专业知识,让生活背景、学历、人生经验各不相同的创作者,能够平等、公开地交流,给创作者足够的尊重和话语权。

2. 独特的推荐机制,让好内容被持续看见

微博、推特的内容具有强时效性,流量会追随热点话题的变动而发生变化,即使是极高质量的文章也无法避免话题热度减退带来的流量衰退,过了流量峰值,文章就不会再被推送。

知乎的推送机制与微博、推特不同。在知乎,无论多么小众的话题,都能够被看见。只要是优秀的问题分析或资料归纳整理，就不会受限于流量时效性，总会凭借内容本身的质量被推送到首页。有些优秀的回答甚至会长时间占领相关问题的流量榜首，获得长期传播。

例如，单击知乎首页"高赞"标签，推送排序第一的是来源于用户"黑猫是兔纸"对于问题"哪个瞬间你突然觉得读书真有用？"的回答，如图1-11所示。这个回答的发表时间为2017年4月。由此可见，只要内容足够优质，哪怕是几年前的回答也会被推送到首页。

图1-11 用户"黑猫是兔纸"的回答

与此同时，为了使专业内容更具深度和客观性，知乎还上线了反对功能。只要答主所讲述的内容、观点对用户造成伤害或有常识性错误，用户就可以选择投出反对票，如图1-12所示，让不合时宜的内容被隐藏，让真正的优质内容突出重围。

图1-12 知乎反对功能

知名互联网博主@分析师谢漠烟曾表示,"反对"功能是知乎的精髓,"A 内容有 1 万人赞同,9000 人反对;B 内容有 3000 人赞同,500 人反对,相比之下,B 内容质量会更高,但 A 内容更浅显易懂,也更有争议,迎合大众,传播度也会更高"。

这也在无形之中净化了知乎内容。通过算法+用户投票,让真正对用户有用,真正符合大众审美的优质内容突出重围,被持续看见。

3. 多元化的问题邀请,放大了小人物的能量

在知乎平台,用户不用担心与专业人士格格不入,也不用担心与其他用户存在年龄差距。社区经常会出现一些更加贴近生活的问题,类似"你见过哪些戏精一样的人""你遇到过哪些概率极小的事"等,稍有生活经验的用户都能通过简单的文字+表情包图片的方式输出相关回答,不需要纠结文章的辞藻是否华丽、内容是否有深度、观点是否深刻。

例如,在"你遇过哪些概率极小的事?"这一提问下,排名第一的答案,由用户"独钓寒江雪"创作,他简单地讲述了小时候给贫困山区捐献图书,长大后在山区学校与图书重逢的故事,这条回答收获了 6.9 万点赞,8000 多喜欢和近 3000 收藏,并被知乎日报推荐,如图 1-13 所示。而创作者"独钓寒江雪"不过是一个普通的知乎用户,并不是拥有高知名度、强影响力的人物。

图 1-13　用户"独钓寒江雪"的回答

类似这样的生活类问题,创作难度较小,可以让每一个人都能参与进来,创作者仅凭自己真实的生活经历与感想即可完成创作。同时,这

类内容中所传递的情感和经验，也容易引发用户共情、吸引用户参与评论和互动，让创作者和用户都拥有"获得感"和"参与感"，放大了小人物的势能。

这就是知乎多元化的问题邀请机制给予小人物的力量，让平台的用户相信：世界上真的有人需要我，我其实并不平凡，其实我也能被世界看见。

4. 多维度正向反馈，激发创作者持续创作力

知乎采取了多种激励机制，用以满足内容创作者的多种心理需求，让创作者在创作之后不久，就能得到正向反馈。

在完成内容创作后，知乎会向创作者发送私信，以感谢创作者所做的贡献，让每一位创作者知道平台正在关注自己。同时，创作者所创作的内容可以为用户提供帮助，用户看完回答以后的反馈（点赞、收藏）也可以为创作者带去精神上的鼓励，帮助创作者肯定自我价值。

不同的用户会对内容产生不同的看法，并有可能通过评论或私信的方式与创作者进行沟通交流，满足了创作者的社交需求，也再次激发了创作者的讨论欲、分享欲。

而且，知乎社区的内容变现路径还可以为创作者带来实际的创作收益，给创作者持续创作的动力，让专职在知乎创作成为可能。

此外，知乎还很好地满足了每一个人对于成长与陪伴的需求。当创作者在站内分享经历、知识，或进行回复互动时，这些痕迹也会被留存下来。随着时间的推移，这些痕迹会变得非常有价值。每年年终，知乎社区都会为创作者推送账号的年终盘点。盘点内容包括这一年你都做了什么，我们一起见证了什么，在给足用户陪伴感的同时，也让用户见证自己的成长，进而激发出用户对于知乎平台更持久的依赖和超强的归属感。

1.1.4 多维布局：多点发力让知乎成为社会刚需

作为一个处于发展期的平台，知乎在逐渐壮大的过程中也带给了用户不一样的体验和惊喜，呈现出巨大的潜力。

1. 以新生代人群为基底，打造持久生命力

从用户画像来看，知乎用户具有相对年轻的特征，其中 30 岁以下用户占比达到了 75%。更年轻的用户群体意味着更旺盛的消费需求和更高的信息接受度，这对于平台的商业价值开发具有重要意义。

从用户使用的年限来看，知乎社区拥有相对更长的用户生命力。艾瑞的一项调研显示，颇具成长势能的在线知识问答社区用户平均使用年限已达到 3.9 年，这在之前是不敢想象的。从用户使用目的来看，用户更倾向于使用知乎这类知识获取效率较高的平台，对寻求问题的解答和基础生活知识的学习表现出更高的刚性需求。

2. 以生活化和低门槛穿透下沉市场

随着我国人均寿命的延长及延迟退休等相关政策的陆续出台，社会老龄化特征进一步凸显，大众对于持续学习、终身成长的需求越来越强烈，人们对于新兴实用型知识更感兴趣，如怎么做好短视频账号，如何利用互联网打开销售渠道等，这些越来越成为企业发展与个人从业所必须掌握的技能。

目前，在线知识内容市场不仅存在于一、二线城市中，也在三线以下城市获得下沉式发展，知乎使用门槛低、信息碎片化、内容较"轻"的特征更能满足下沉市场的用户需求。出于获取动机差异，三线以下城市人群的知识获取侧重点主要为贴近其生活场景、能解决生活和工作中遇到的实际问题、使用的门槛低，而知乎的专业知识生活化和贴近生活的内容问答模式，正逐步被三线以下城市用户所青睐。

3. 以政企协同的方式，多元化服务大众

对于普通老百姓而言，高深的政策、拗口的公文其实并不容易理解。用户在生活里碰到需要经过烦琐的流程才能解决的事情时，往往并不知道该找谁、该去哪、该怎么处理，尤其是像公检法这类单位，普通人在与他们沟通时更是摸不着头脑。

知乎平台发现了这个现象，于是，2022年1月，知乎邀请中华人民共和国最高人民检察院在知乎征集提问，鼓励广大网民对全国检察院的职能、法律监督知识进行提问，如图1-14所示。用户可以在话题下提出针对性问题，而最高人民检察院会对网友提出的热点问题进行回答。

图1-14　最高人民检察院在知乎征集提问

这是最高人民检察院第一次尝试在网络平台和网友进行互动，该问题在提出后4个月的时间里，累积了2200个回答。现在，有越来越多的政府机构入驻知乎，在知乎上输出专业且权威的回答。让老百姓平时不知道问谁的问题、不知道如何解决的问题有了靠谱的解答。

同时，政府和政务职能机构通过与知乎合作搭建居民服务新渠道，听取民众探讨意见，也可以有效提升解决用户常见问题的效率和准确度，更让原本冰冷的机构，拥有了温度。

4. 以满足切实需要为目标，让企业/品牌与用户双赢

在帮助企业及品牌扩大势能方面，知乎坚守"提供用户切实所需的内容"这个底线，引导各企业和品牌的管理者、知名IP和官方账号，通

过亲自下场解答等方式,用硬核的干货输出,展开真正意义上的内容营销。这种方式既满足了企业和品牌扩大自身势能、获取精准用户的诉求,又不破坏知乎平台本身的内容生态,还让用户解决了问题,获得了切实需要才购买的美好购物体验。

例如,在"为什么华为能先做出 Mate X 这种折叠屏手机,而其他国内厂商却没有?"这一问题下,华为品牌的知乎官方账号通过回答,不仅讲述了其在研发过程中遇到的困难、攻克的方法,还扩展了用户的知识面,满足了用户的学习欲。这条包含专业知识且贴近普通用户生活的回答有效解答了网友对这个问题的疑问,也收获了 1.8 万的点赞,如图 1-15 所示。

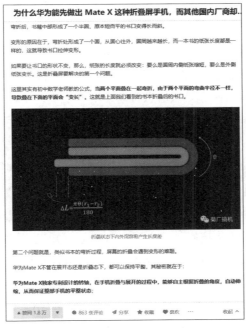

图 1-15　华为官方账号的回答

当前包括知乎在内的社区平台在营销方向的探索仍处于起步阶段。

平台与企业方的合作更多是传统的"曝光式"营销，部分广告主对于内容营销的认知还处于模糊阶段。随着知乎对于营销方式探索的逐步成熟，平台将持续注重内容的精准传达和用户的高质量互动，通过差异化营销、品牌口碑、细节信息精准传递，可以让用户对传播效果更加认可，参与和付费意愿主动提高。

未来在知乎，越来越多的品牌和用户将实现"零距离"接触，在用户主动表达需求的场景中，品牌可以快速触达用户，以"硬核"知识输出快速锁定高精准客户。同时，通过及时满足客户在不同阶段或不同场景的个性化需求，可以全方位展示企业及产品的信息。

1.1.5 大势所趋：品牌押注，拉动全新流量红利

伴随互联网技术的不断发展，知识获取已经渗透到人们日常生活的各个角落。相较于在学校中所接受的系统性教育，用户的知识获取呈现出了长周期、碎片化、普及化的趋势。

在生活节奏加快、知识信息日渐丰富的当下，年轻人每周的系统学习时长越来越少。根据创业邦和巨量算数发布的《2021中国泛知识付费行业报告》，55%的年轻人一周只有3小时以内的系统学习时间，23.6%的年轻人系统学习时间为3~5小时，只有低于22%的年轻人的系统学习时间超过5小时，多数年轻人都是通过碎片化学习获取新知识。

有需求就会有商机，通过将碎片化的知识和信息转化为产品与服务，借由不同的介质或传播媒体输送给消费者的泛知识市场诞生。在流量红利之下，泛知识付费行业稳定发展，市场规模逐年攀升，现已接近千亿市场。

睿兽分析发布的数据显示，2021年1月—10月，中国泛知识付费行业投融资总规模达到了89.8亿元，其中知乎（已上市）与喜马拉雅分别完成了2.5亿美元和9亿美元的融资，整体市场同比回升趋势明显。

拥有了庞大的天然市场，以及资本市场的加持与押注，越来越多的企业和品牌将目光转向知乎。与此同时，伴随着知乎"生态第一"的发展准则，越来越多的用户将被吸引入驻。一大波流量红利，正悄然到来。

1.2 精准流量提升商业价值

知乎在2021年成功上市并获得了新一轮融资。2021知乎财报显示，知乎2021年营收29.59亿元，同比增长118.9%，平均每月活跃用户数为9590万，较2020年增长40.0%。2021年，知乎广告业务收入为11.61亿元，同比增长37.7%，占总营收的39.24%；商业内容解决方案业务收入为9.74亿元，同比增长617%。从数据能看出知乎宏观上的商业价值在稳步增长。

与此同时，越来越多的品牌、企业主、个体户、个人，想要在知乎上获得经济价值，这就需要他们对知乎在商业上的创新和平台提供的新营销思路有所了解。

1.2.1 低成本获取流量的新渠道

在注意力经济时代，谁能更快、更多、更久触达用户，谁就能获得用户的信赖。知乎的长图文回答，长期占据各大搜索引擎的排序前位，是其最大的优势。这种趋势在2020年百度入股知乎以后表现得更加明显，知乎内容在百度上有非常高的搜索权重，在一众平台中遥遥领先，如图1-16所示。

对于直播、短视频和短图文来说，除去能二次破圈的特殊情况，通常传播时间较短，数天内热度就会降低。在知乎的推荐机制下，一个回答的传播时间可以长达18个月，且随着点赞、收藏、评论量的不断增加，在搜索引擎上和站内的排名还会得到提升。

图 1-16　知乎搜索权重

以"你买过哪些便宜到尖叫的好东西"这个提问为例，该提问下目前已经积累了 2300 多个回答，万赞以上回答有 15 个，千赞回答有几十个，总浏览量超过 5200 万次。每次在这个问题下产生了新的优质回答，又会带动这个问题的热度再次上升，为提问下的全部回答再次增加曝光机会。

某些时效话题也能享受到这个优势，例如，知乎上有"春节给父母送什么新年礼物，能显著提升父母的生活质量"的提问，每年的春节前夕都会有大量用户搜索同类问题，给予同类问题巨大的流量，该提问也会因为用户的搜索而呈现出浏览量、点赞量周期性增长的趋势，进而吸引很多商家前来进行广告投放。这个提问自 2020 年提出以后，短短 2 年积累了 600 多个优质回答，超过 240 万次浏览，如图 1-17 所示。

对于商家来说，长期有流量的内容是品牌的固有资产，会在持续的互动和曝光中

图 1-17　知乎提问截图

带来源源不断的新用户转化。

一次高质量投入，长期持续回报，这让企业更有动力经营互联网的长尾流量。

1.2.2 让高精准用户主动上门成为可能

知乎话题用户参与度高，有主动搜索，也有隐性种草，覆盖面广，且用户信任度高，是最适合让用户"主动上门种草"的平台之一。

1. 多场景触达，软性提升品牌好感

内容平台是用户日常生活中的关键信息触点，在知乎上品牌能够在多场景下布局实现内容曝光，从时事热点、娱乐消遣到获取知识，品牌可以在不同话题下与用户互动，在潜移默化中带给用户更强的信任感和体验感。同时，还可以布局圆桌话题、直播、专栏、官方活动……通过在平台不同场景下的高频互动，让用户在潜移默化中爱上品牌。

例如，天眼查的账号，在知乎被用户叫作"天眼妹"，每一个企业热点事件下面该账号都会第一时间给读者梳理该公司的股权结构、责任人信息，如图1-18所示。及时专业的回答让天眼查专注个人与企业信息查询服务的业务模式深入人心，以至于哪次热点事件中如果没有见到"天眼妹"的身影，还会有很多用户主动呼唤，形成了有趣的良性互动。

图1-18 "天眼查"在知乎的回答

天眼查、最高检、华为等诸多政务官方和品牌，都通过在知乎不同场景下的高频互动，在与用户零距离接触的同时，传递自身价值。在潜移默化中，让用户形成品牌记忆和好感。

2. 泛话题切入，激发隐性消费欲望

除了站内多场景布局和高频互动之外，在知乎品牌可以参与的话题也非常广泛，而不仅仅局限于品牌所在赛道与行业的话题讨论。越来越多的品牌通过与用户沟通日常生活里常见的问题，在潜移默化中展现自己产品的优势。

例如，针对提问"如何看待北京大兴国际机场今日迎来首航？投运仪式都有什么亮点？"华为品牌的回答如图 1-19 所示。其通过使用 Mate 30 Pro 手机拍摄大兴国际机场，在让用户了解到机场全貌的同时，也展示了自身商品的优势。

诸多用户为华为手机拍摄出的场景所震撼，进而在评论区主动发表"硬核广告""买定了""心甘情愿看广告"等对华为品牌以及曝光方式表示认同的评论。华为通过适宜的话题切入为品牌打广告，不仅让使用产品的用户对品牌信任感增强，还激发了平台用户的隐性消费欲望。

图 1-19 华为品牌的"硬核广告"和回答的评论区

1.2.3 让内容创作助力销售增长

众所周知，提问是用户最迫切、最准确的需求表达，其中蕴藏着更大的商机。从当代年轻人的购买决策路径来看，用户在购买不熟悉的商品之前，验证决策合理性是关键一步。

那么，该如何让平台内用户所创作的问答内容发挥更大价值？如何帮助企业与品牌，在为平台内用户答疑解惑、提升品牌好感度的同时，又能够切实获得现金价值？为此，品牌要主动介入知乎用户"验证决策"这一步，持续做出努力与尝试。

1. 用多维度内容，缩短决策周期

不少用户在进行验证决策时，会选择通过知乎获取更多元、更深入的品牌信息，从而进行决策。这时，品牌可以安排运营团队通过技术科普、产品评测、成分对比等专业的内容，直观展现品牌要素，把产品属性通过可视化的内容呈现给用户。

同时，品牌还可以在知乎通过其商业工具，如商业内容加速和转化解决方案"知+"，邀约相关领域作者在推荐场景、话题下发布自家产品的评测；在用户需求场景下精准拦截目标，帮助品牌主通过内容运营，在关键节点给予用户更强的体验感和信任感，打消用户的购买顾虑。

这种品牌主动输出内容进行种草，与第三方真实用户评测反馈、口碑验证的组合拳，更容易让用户消除心中顾虑，进而缩短决策周期。

例如，典型的案例是用户"蓝大仙人"关于"最新液晶智能电视选购攻略"的回答，该回答从 2020 年开始累积、更新、修改，通过对不同需求人群的解析，精准地把不同功能、价位的智能电视推荐给合适的用户，目前这篇置顶的回答已经有超过 4 万点赞，如图 1-20 所示，并带来超过 3000 万的成交总额。

图 1-20　用户"蓝大仙人"的回答

2. 用插件植入,加速购买进程

知乎和多个平台合作,为用户提供了丰富的内容互动插件。创作者在站内种草时,可以在种草内容中插入电商平台的购买链接,如图1-21所示。用户直接点击链接即可直接跳转至商品购买页面,真正地实现了"用户了解完信息,产生购买欲,就能顺畅下单",从而大大避免了二次跳转过程中的用户流失,加速了用户的购买进程。

图 1-21　知乎点击链接后直接跳转到购买界面

1.2.4 用户反馈带动品牌口碑裂变传播

知乎用户主体为 35 岁以下、高学历、高收入和高消费的人群，这类用户具备一定的社交意愿和号召力，更愿意关注和接触新品牌，包容性强，愿意和新兴品牌一起成长。

品牌建立初期，可以通过知乎曝光，达成占据市场份额、汇聚种子用户并实现初步销售转化的主要目标；之后，品牌可以借助知乎树立口碑和公信力，完善品牌形象，提升用户信任，真正实现爆发式增长。

以永璞咖啡、蕉内、奶酪博士为代表的快消行业，是这种营销打法的佼佼者。它们采取了知乎站内商业内容共建、知+内容发布、Boom 众测、招募任务等方式，迅速积累起较多的知乎粉丝。同时，品牌官方还可以通过输出内容与用户真实口碑相结合的方式，打开品牌销售的局面，完成扩大品牌知名度、寻找忠实用户群、提升销量的任务。

同时，知乎也给一些新兴行业提供了商业化的途径。

以品牌 KnowYourself（以下简称 KY）为例，KY 是主打泛心理科普的商业品牌。在我国，心理学市场还处于起步阶段，暂未有较成熟的商业化模式。在创立初期，KY 作为公众号没有扎实的用户基础，但 KY 的运营团队选择了知乎，并坚持在知乎的校园、情感、家庭等话题下长期发布优质的回答，为用户提供专业的知识科普，通过这些优质且专业的回答，获得了 200 万粉丝，如图 1-22 所示。在构建大量用户基础的同时，也奠定了品牌的口碑。每一个赞、每一个关注，都是对品牌的认可。

在用户基础牢固后，KY 通过内容导流的方式，把知乎的粉丝引流到自己的公众号和 APP，如图 1-23 所示，完成了用户基础变现，加速品牌商业化过程，在 2021 年收获了超千万美元的融资。

综上所述，知乎给足了品牌打造自身口碑并让口碑形成裂变传播的空间。一方面，品牌可以依靠知+、Boom 众测、招募任务等功能，主动邀请用户参与到品牌口碑建设当中来；另一方面，品牌还可以通过在不同话题下的硬核干货内容输出，让用户通过关注与点赞主动为品牌"打Call"，形成纯天然的口碑影响力。

图 1-22　KY 的知乎官方账号　　　　图 1-23　KY 在知乎引流

1.3　横向填补其他平台功能盲区

随着互联网的发展，新媒体平台生态圈扩张得越来越大，平台之间的用户重叠度也越来越高，相较于百度知道、B 站、小红书、微信公众号等内容平台，知乎就很好地与其他平台形成功能互补，放大了自身优势，填补了当代新媒体平台在功能上的空白，从而杀出重围。

1.3.1　百度知道 VS 知乎：基础和进阶

百度知道作为国内互联网上线最早的知识问答平台，在中文互联网环境下有很大的用户基数。知乎作为"后来者"，经营方式和理念都与百度知道大不相同，二者区别如表 1-1 所示。

表 1-1 知乎和百度知道的区别

区别项	知乎	百度知道
运营理念	提供深度知识交流、学习的平台，满足多垂直领域深度需求，注重回答质量	提供简单问题答案，数量优于质量，优先满足用户大量简单需求
优势	问题解析、知识获取	政府、企业机构流程办理
变现方式	广告业务、知识付费、后链路提成	广告业务、知识变现
营销价值	用户黏度高，对于营销内容用户信任度较高，出圈内容较多，营销价值较高	用户黏度低，对于营销内容用户信任度低，出圈内容极少，营销价值一般

在知乎兴起之后，百度知道转变发展方向，基于百度搜索引擎带来的每日庞大的流量，建立起政府机构和企业对于用户产生问题的快速解决及一些基础信息获取，如某地政府公布的当地电价、水价或者如何进行某一项流程的办理，与政府、企业之间合作的便民问答是现在百度知道的主推内容。

百度知道更像一个基础便民手册，能够快速回答所有人对于生活基础问题的疑问；而知乎偏向于进阶手册，用来满足用户在生活中进阶知识获取的需求。

1.3.2 B 站 VS 知乎：娱乐性与实用性

B 站是一个中短视频网站，作为独角兽企业之一，从最初的亚文化圈子视频网站成长到现在，其平台内容涉及面已经非常广泛，其中用户发布的关于产品的评测、知识的分享，虽然媒介不同，但是内容根本逻辑和知乎有相似之处。从宏观角度来看，两者之间运营模式又有很大不同。

通过 B 站的热榜，如图 1-24 所示，能够看出 B 站的内容主要以娱乐性为主。

图 1-24 B 站热榜

图 1-25 为知乎某一周的周增长热榜，通过热榜能看出，用户关注、浏览增量较多的问题和答案都大多来源于生活热点问题和时政类。

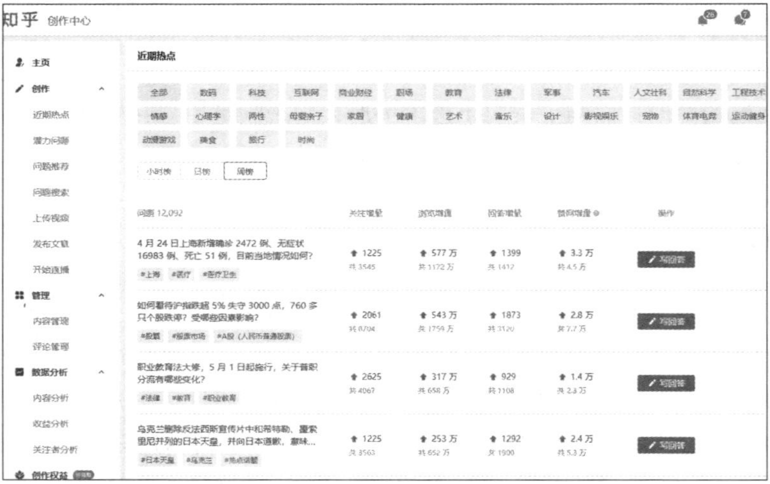

图 1-25 知乎周增长热榜

从对比能看出，能在 B 站获取流量的视频是能够满足用户对娱乐性需求的视频，而在知乎能获得流量的是对时政热点的解析。B 站的中长视频具有信息量大、情绪感染力高，但制作周期偏长、修改更新困难等特点，娱乐性偏高的视频占比较高；而知乎的短图文创作简单、修改方便，对于时政热点、产品科普解析具有先天优势，因此，知乎上时政解答、知识科普类内容占比较高。

在营销方面，B 站注重娱乐化属性强的营销方式，在维持用户体验和审美的基础上，让内容与营销有机结合起来，主要包括创意短片、开箱视频、产品测评等多种模式，如图 1-26 所示。

图 1-26　B 站不同种类营销视频

B 站从内容出发分发流量的模式，驱动着创作者持续深耕内容。但是由于视频创作困难，广大的用户在使用 B 站的时候几乎只参与了"观看"和"评论"环节。

对于品牌企业号来说，B 站能够拥有流量的品牌号和机构号都是有一定基础用户和良好产品口碑的大品牌，而在知乎，就算品牌处于商业化初期，在用户基数低且用户对品牌质量都不了解的情况下，只要能产出优质内容，仍然可以获得流量，实现品牌曝光。

1.3.3　小红书 VS 知乎：生活感和专业感

小红书是现在新兴的独角兽企业之一，从最初的"海外购物社区"转变到现在的"真实生活指南"，小红书的定位也逐渐明确。与其他娱乐平台不同，小红书的图文笔记、视频笔记偏向生活化的简单实用的个人体验的分享。

知乎和小红书两者虽然看起来截然不同，但本质上都需要满足用户对某一方面优质内容的需求，用户在使用这两个平台的时候，都希望获得有价值的信息。

知乎和小红书在各自的领域里独占鳌头，知乎倾向于高质量的专业性内容，吸引专业人才、品牌入驻解决生活、工作、情感问题；而小红书偏向于分享生活，旨在打造自然口碑推荐的种草内容。

小红书的年轻女性占比较高，内容以时尚、彩妆、个护、旅行、娱乐等细分领域为主，内容和商品有高颜值、精致化的特征。美妆护肤品在小红书上的变现模式较为成熟，此类营销内容往往会突出真实经历的分享，通过配比头部、腰部、尾部的流量主互相合作产出内容，给用户更强的场景代入感。

小红书和知乎的用户，多数是在两个平台之间各取其利，从小红书获得生活气息较为丰富的个人使用体验信息，而从知乎获得专业性较强的理性分析信息。

1.3.4 微信公众号 VS 知乎：相辅相成，共同发展

知乎和微信公众号在相隔较近的时间段内分别上线，都是通过主打内容深度，以图文为主要创作形式的平台，用户重叠性高，一些创作者通过知乎积累粉丝基础，后期将粉丝引流到自己的公众号；另一些则是在公众号平台小有名气的创作者，通过知乎来增加内容分发渠道，扩大粉丝基础。二者的运营是相辅相成的。

公众号更具有媒体性质，而知乎是一个社区。区别在于，公众号的内容传播是媒体的单一传播轴，如果不主动关注且没有朋友推送、点击在看的话，那么这个公众号的内容一般是不会主动出现在用户面前的；而知乎具有社区的信息流动性，内容会在不同的用户之间快速传播。

在知乎，品牌注重前期的曝光，目标为积累粉丝基础，收获核心粉丝；而在公众号上，品牌往往更专注于粉丝群体运营，加深粉丝黏度。品牌在知乎发表和公众号类似的内容，然后借由知乎的社区属性扩大内容传播广度，再筛选出感兴趣的用户，引导其关注品牌的公众号，成为品牌的核心粉丝，如图 1-27 所示。

图 1-27　品牌通过知乎向公众号引流过程

第 2 章 知乎
揭秘：知名答主的成长史

知乎 2022 年 Q2 财报显示，知乎累积拥有超过 5910 万名创作者，遍布 30 个品类、1000 多个领域。而几乎每个品类下都拥有火爆站内甚至出圈站外的答主，他们之所以能够得到那么多人的追随与喜爱，靠的绝不仅仅是勤奋。了解他们的创作逻辑、运营玩法，更能帮助读者在知乎扩大自身势能、挖掘到属于自己的金矿。本章将揭秘知名答主的成长史，拆解其爆火背后的秘密。

2.1 综合型："半佛仙人"靠什么坐拥170万粉丝？

在知乎平台上有这样一位 90 后，通过超硬核的知识输出和"什么都懂一点"的标签，坐拥 174 万粉丝，获得 200 多万的赞同，他就是半佛仙人。为什么称自己为"半佛仙人"？他曾坦言，自己当时没什么文化，但是又想显得有文化，翻书时正好翻到一句"心情半佛神仙，姓字半佛半显"，从此便有了半佛仙人的昵称，如图 2-1 所示。

半佛仙人从早期的新概念大赛到网文连载，再到混迹天涯、猫扑、微信公众号……一路顺风顺水，收获了不少粉丝。不同的平台、不同的时代，见证了半佛仙人的青春，也汇成了互联网内容平台发展史。

这样的成长轨迹也练就了半佛仙人对于新兴内容平台独到的判断力，在 2015 年他注意到知乎，便下决心入驻，迅速通过知乎构建了自己的第一个大型粉丝阵地，并凭借"什么都懂一点"的标签迅速出圈。

通过知乎时间轴不难发现，半佛仙人在 2015 年通过知乎回答问题时，也和普通人一样，起初的回复质量并不算高，获得的点赞数量也是寥寥无几，如图 2-2 所示。在那个时候，半佛仙人还自称"小透明"。

图 2-1 半佛仙人账号首页

图 2-2 "半佛仙人"早期回答

从 2015 年的小透明到 2017 年的逐渐爆火，半佛仙人也经历了两年的沉淀。直到 2018 年年初，与原来同样的内容就能获得以往 5~10 倍的赞同数。那么，半佛仙人到底做对了什么？又是怎么做到破局并快速在知乎平台圈粉的呢？

2.1.1　借势热门，流量翻倍

心理学中有一个曝光效应，即在人际交往中，人们对自己熟悉度越高的事物，好感度就越高。通过半佛仙人所关注的话题不难发现，他所关注与回答的领域恰好切中了曝光效应。如图 2-3 所示，生活、互联网、社会、职场……这些本身就是热门领域，再加上半佛仙人超高的互动率，用户想不记住他都难。

然而在热门方向领域，半佛仙人也不是所有问题都会去回答，通过追踪他的回答动态不难看出，他选择回答的问题大多遵循以下三个原则。

① 问题本身有热度，争议比较大。

② 问题几乎每个人都能遇到，都禁不住要说两句。

③ 问题对于相关领域专业知识储备的需求不高，专业大 V 现身回答的少。

如图 2-4、图 2-5、图 2-6 所示。

正是半佛仙人利用上述三个原则，抓住了热门领域和热点问题，以及拥有超高的现身互动频率，才促成他的账号拥有超多的"潜在流量"和"话题权重"，从而锁定了巨大流量池。

图 2-3　半佛仙人关注的话题

图 2-4　互动问题 1

图 2-5　互动问题 2

图 2-6　互动问题 3

（1）抓潜在流量大的问题

知乎虽然是以硬核内容作为亮点的平台，但是伴随着注册用户的不断增多，平台也需要诸多贴近生活、具备娱乐属性的内容来填充和锁住用户。这一部分的内容，不仅需要能够覆盖到所有用户群体、让大多数用户爱看，而且还需要回复得丰满、客观，让用户看有所得。一旦创作者的回答符合这两个特征，就会得到潜在的流量倾斜，更容易被推荐。

显而易见，半佛仙人狠抓热门领域下的热门话题、争议性话题、生活常见事件的方法刚好能满足上述需求。所以，伴随着知乎的发展，半佛仙人这个账号自然也就得到了更多人的关注，其内容的传播性越来越强，内容受众也就越来越广。

（2）写话题权重高的回答

平台会根据账户在某领域、某话题下的互动程度，通过算法自动匹配权重。权重越高，用户回答此类问题时，其初始排名也会越靠前。"半佛仙人"在不同话题下，超高的互动频率，让他的账号权重不断提升。

有了"潜在的流量"和"话题权重"，账号出圈、爆火就成功了一半。而成功的另一半，则在于内容。如果内容不具备辨识度、不够丰满有趣，那么就算拥有再多潜在流量都无济于事，根本转化不成自己的粉丝。那么，半佛仙人又是怎样进行内容创作的呢？在这方面，他又做对了什么？

2.1.2 独特文风，加深记忆

如果你仔细阅读过半佛仙人的回答，便不难发现其文风颇有辨识度。一行1~2句，诙谐与真情实感兼具，还带有转折，很难不引发用户的共情。这在无形之中，就再一次加深了用户对他的记忆。这也是每一位知乎新人创作者"从小白到大神"的蜕变过程中在内容方面必须打磨出来的基本功。

比如，在"为什么2020真人版《花木兰》评分这么低？"的问题下，半佛仙人的部分回答如下。

昨夜杭州有雨，我前往电影院看《花木兰》。

司机是地道的本地人，他问我这么晚了，这么大的雨天，地上全是水，你到底要去看什么电影？

我说，《花木兰》。

是赵薇拍的那个吗？

不，是迪士尼拍的。

是动画版的吗？

不，是真人版的。

那导演是中国人吗？

不，是美国一大姐。

要花钱吗？

要 70 多元。

从半佛仙人的回复不难看出其行文特点如下。

① 内容虽然短小精悍，但信息量极大。

② 简洁有力，颇有现代诗的味道。

③ 满足了用户碎片化阅读的需要，读起来也不累。

④ 极具转折性，处处在情理之中，又在意料之外。

⑤ 字里行间透露着生活气，瞬间拉近与用户之间的距离。

⑥ 通篇内容很有画面感。

在大众心里，《花木兰》就是我们中国的经典故事。要拍摄，也应该是中国人拍。而且，由于故事原型距离我们比较遥远，呈现形式一般都是动画片。在价格方面，这样的主旋律影片一般都不会太贵，何况还是距离事件比较远的外国人拍的，价格肯定会更低。而事实恰好与我们想象的完全相反，半佛仙人就恰到好处地抓住了事情本身的矛盾点，仅用几句话，不仅清楚地说出了事情的真相，还让我们观看了一场纸上"脱口秀"。

如果说，关于《花木兰》的回复占尽了天时地利，是一种巧合的话，那么半佛仙人在"急中生智是一种怎样的体验?"这一问题下的回复则再一次展现了他那独特的文风。

我中学的时候躲在卧室大半夜看小电影,结果被我爸妈抓了个正着。

看着我爸妈那充满杀气的眼神,我急中生智,说道:

"我最近很喜欢宋××(我的好朋友,我爸同事的小孩),恨不得抱着他睡觉,同学都说我不正常,我只能从网上找点这种电影来看看是不是我真的错了,我好想他。"

我妈先是大惊失色,然后眼中闪烁着母爱,对我说:

"那你可得多看看,看仔细了,你还不知道女孩子的好。"

我爸生气地说:"我看你就是在装!"

我妈的眼神立刻又有了杀气。

我说没错,我就是在装,其实我就是喜欢宋××,但是我敢承认,你呢?你敢承认你对宋叔叔的感情吗?我上次看到你俩一起去捏脚了!

我妈眼中杀气更盛,转向了我爸。

那天,他俩打了一夜,但我活了下来。

这段文字阅读下来更具画面感,同时最后的转折依旧是出人意料但在情理之中,让人禁不住会心一笑。

然而,想要达到这样的效果,实属不易。半佛仙人曾经透露过,起初他也和普通的知乎用户一样,在回答问题的时候只能抖个机灵,写个一两句话,代表自己曾经来过,如图 2-7 所示。

图 2-7 "半佛仙人"的早期回答

在积累了一段时间后，再回答问题时半佛仙人发现自己慢慢能多写上几句，便开始用1、2、3、4点，陈述自己的观点。再过一段时间之后，他发现用一句话一段的类现代诗格式写作，能够减轻观众的阅读压力。写着写着，就逐渐找到了属于自己的风格。在选好热门选题的前提下，他逐渐开始用短句+正常书写格式混用的方式，来表达自己的观点，收获了很多人的喜欢。

而完全度过上述的这几个阶段，半佛仙人花了整整五年时间。五年间，他每天坚持在知乎写两篇内容。这种难能可贵的韧性，的确不是每一个人都能做到的。

所以，到这里，相信读者也能够非常清晰地发现：打磨出独特的具有辨识度的文风，最重要的就是刻意练习。这时，可能有些人会说：我还是摸不着头脑，不知道该怎么打造自己的行文风格。那么，笔者在这里介绍几种思路供读者在刻意练习中进行尝试。

思路一：巧用断句。可以选择四五个字一个逗号，也可以选择七个字一个逗号，总之，形成规律。这样能强化出自己与其他人的差异性，从而便于用户在茫茫人海中记住你。

思路二：增加成语及诗词。如果知识储备够多，也可以在内容里多增加一些成语或诗词，这样也有利于用户将你和其他人做区分。

思路三：巧用比喻。好的比喻胜过千言万语，比喻用得好不仅能够增强趣味性，还能让用户觉得你很立体，从而记住你。

思路四：巧用重复。在回答问题的第一段或者最后一段反复重复一句话，这样，久而久之当你的互动频率达到一定频次时，用户自然也就记住你了。

思路五：植入口头禅或特定词语。在回答问题时，反复出现同样的词语，也有利于打造属于自己的特色。

在这里要提醒大家的是，上述五个思路只是在打造个人文风当中可以借鉴，并非人人都适合这种写法，而且单单做到这个远不够，还要注意内容的丰满度、有趣度，才有可能以内容吸引人。

抓住热门领域和热门问题，再通过日复一日的刻意练习，锻造出属于自己极具辨识度的文风，还远不够出圈。流量来了，文风有了，有人肯追随了，只是爆火的基础。如何引导更多人讨论，让更多人看到自己，才是关键。对此，半佛仙人的做法也非常巧妙。

2.1.3 巧立人设，火线出圈

起初，半佛仙人从事的是银行风控相关工作，后面转型进入互联网相关企业。其高赞的回答却包含了各行各业，投资、理财、做生意、社会事件、互联网均有涉猎，什么领域火聊什么，什么问题有热度参与什么。按常理，作为一名个体创作者是根本不可能拥有那么多知识储备的，也非常难被那么多行业的人认可，出圈更是难上加难，那么半佛仙人是如何做的呢？

答案非常简单，就是巧立人设。纵观半佛仙人的高赞回答，不难窥见如下规律。

① 避免与专业人士硬碰硬，用游客的态度来看待、解读要回答的问题。

② 找准回答的目的性。很显然，半佛仙人回答的目的是吸引更多人关注自己。所以，其回复的内容角度，就必须被大多数人所接受。要让所有人都能插得上话，至少不讨厌。因此，那些晦涩难懂的科普、专业知识就与他无缘了。

③ 填补知识盲区，反向拔草。比如，一般情况下，如果有人要问奶茶店该怎么开，专业人士肯定会从选址、选品开始逐条分析。而半佛仙人则会站在看官和游客的角度，来讲一些内幕、故事，再加上他独到的行文风格，既填补了用户的知识盲区，也让更多人有吐槽欲望，从而爱上这个人。

其实，想要教会别人、教育别人是非常困难的，不仅需要查找大量数据和案例作为佐证，还得逻辑准确、全面到位，丢掉任何一个重要信息，都有可能科普失败。但是，从反面来解构、做填补用户知识盲区的事情，就轻松很多。既不需要担心逻辑性、严谨性的问题，也不需要太多数据支撑。同时，反向拔草、怀着看官心态吐槽，还能吸引更多圈外人来关注此事。半佛仙人此举，不仅给自己塑造了"百世通"的形象，还做到了圈内、圈外人兼收，大大拓宽了追随者的基数。

到这里，可能有些人对于半佛仙人巧立人设的三个思路理解得并不是十分清晰，也不知道该如何应用，下面我们就以"现在入局电商还来得及吗？"这个问题为例，进行详细剖析。

面对这个问题，大多数人的第一反应是"找一大堆数据和案例客观分析利弊"，然后输出自己的答案。如果分析得好，想入局电商的人群就会选择关注和追随，回答这个问题所吸引来的都是想了解电商的人群。但是，要知道并不是所有人都能在电商领域持续输出高质量干货内容，下次的回答一旦更换了问题领域，就会造成脱粉，导致之前的辛苦付之东流。这是因为没有搞懂回答的目的性，没有为自己建立人设和做好定位。此外，如果分析得不好，或是有更专业的人来输出答案，自己就会被比下去。

那么，按照半佛仙人的思路会怎么做呢？

首先，看到这个选题后，他会想到绕开专业层面的内容，以旁观者的视角，在外围寻找回答思路的角度，进而自然而然地联想到：谁做电商亏了？谁做电商赚了？都是什么时间段赚的？

其次，确定回答的目的是让更多人都能够喜欢、甚至吐槽几句。所以，回复的话语就应该是诙谐的、风趣的，还要贴合大家日常生活，要让大家都能共情。更重要的是，需要让所有人都毫不费力、不假思索地接收自己的信息。

最后，找到知识盲区、反向拔草，解开大家心中的疑惑。对于电商，很多人都会联想到"2009、2010年上大学那时候，总有人抱着电脑鼓捣，一问就说是装修店铺。当时全宿舍人都觉得他有网瘾、不务正业,但在毕业之后只有他给家里买了房。"。这还没完,紧接着还可能会联想到"2018—2019年以后那些贸然入局,但血亏或者压力极大的人"。

按照他的思路思考到这里,读者也就能够写出颇有半佛仙人文风的回答了。那么我们不妨就来试写一下。

想当初,那是08年,一个阳光明媚的晌午。

我在宿舍休闲地看着书,

他在宿舍抱着电脑搞起装修,

我觉得他中了互联网的毒,

他觉得我受困于教科书。

毕业后,

我成功入职世界500强,

他回到老家还不如隔壁村打工的阿强。

两年后,

我还在世界500强"996",

他在老家为父母买了房,还变成了电视台宣传的对象,

因为他在上大学时就入局了互联网电商。

他在镜头前,只淡淡地说了一句"人总是要有点梦想"。

是啊,人总得有点梦想。

于是在2019年,我终于鼓起勇气学着和他一样。

可现实把我弄得遍体鳞伤。

他来到我家,拍了拍我的肩膀,

并说出了"但梦想也得有时有晌,时机对了才有希望"。

……

是不是既回答了问题,又给圈内圈外人留下了深刻印象?这就是半佛仙人常用的思路。

除巧立人设的方法外,半佛仙人还做到了以下两点。

第一点，就是自信，且敢于给自己贴圈内人的标签。

要敢于涉猎更多话题、敢于发表自身观点。虽然知乎上回答很多问题都需要门槛，而且大多数用户的眼睛也是雪亮的。但是，我们也不要因此而丧失回答问题的自信，毕竟敢于尝试、敢于给自己贴圈内人的标签是成功的第一步。例如，半佛仙人回答并获得 4.3 万赞同的问题"'上海名媛群'文章中低价拼顶级下午茶、酒店、奢侈品的现象真实吗？反映了哪些问题？"如果没有一定的生活经验，其实回答难免出现偏差。如果按照"必须亲自体验过名媛生活，才能来发表见解"的观念，那么相信 90% 的人都参与不了这个话题。但是半佛仙人用自己的观察和生动的文笔，来对事件做出了精妙的回复：

简单来说，就是一群没什么钱的女孩子，为了让自己看起来很高贵，于是用各种奢侈品、豪华酒店来装扮自己的朋友圈。

由于确实是没钱，所以只能凑在一个群里，通过拼团来租赁一小段时间，然后用这段时间来拍照。

例如，顶级酒店上百人一起拼，轮流去拍照，刚来上班的大堂保安以为自己面试的工作是交警。

……

而且，常年高频率出入高级酒店的我，从来没有感受到这群人的存在，我一度怀疑这次拼团名媛是拼多多的阴谋，刚好现在是拼多多五周年，建议拼多多打钱。

当然也可能是我不太注意观察，考虑到她们既然能做出百人拼房的事情，那么有更多神奇的手段也不意外。

要知道，人们更愿意相信他们早已认定的事情，在回答中"常年高频率出入高级酒店的我"给足了用户"我最了解这件事"的心理暗示，再加上以轻描淡写的态度指出"这群名媛实际上做过更离谱的事情：百人拼房"，符合很多用户的猜想，获得了情感信任。

因为一个看起来是"圈内人"的创作者印证了自己的想法，会自然地对这个创作者抱有好感，至于半佛仙人本人到底有没有"常年高频率出入高级酒店"反而没人在意。

大多数用户的知识体系都是建立在自己的专业领域内，当看到非自己专业领域的内容时，普遍处于信息封闭状态（没有相关积累来提供参考信息），没有足够的判断能力。

利用信息不对称和"自信"的优势，可以塑造一个"专家""圈内人"人设，在各种社会热点事件下，能以一个独有的视角、一种大众能够看得懂的方式把自己想说的内容说出来，可以使专业领域外的人觉得这个结论很有意思。

再看其在问题"字节跳动能否取代百度成为国内第三大互联网企业？"下获得 4.2 万点赞的回答。

很多人都没有明白一个道理。

BAT 之所以称为 BAT，不是因为其规模，不是因为其营收，也不是因为其市值，更不是因为其利润，而是它们在各自的领域成为公共基础设施，并以基础设施为根基，发展出了完整的生态，并且触手伸向了互联网的各个领域。

什么叫互联网基础设施？

你做电商就离不开阿里生态，你的业务只要涉及支付就离不开支付宝和微信支付，你的信息只要想全网铺开就离不开百度，你创业要上云就离不开阿里云和腾讯云，你做营销就离不开微信小程序和百度广告。

它们是互联网行业的水电煤。

该问题发布于 2019 年，几年后再回头来看，或以业内人的角度来看，回答内容或许存在一些偏差，但在当年有很多人认同，并且成为热榜第一的回答。

开头的"很多人都没有明白一个道理"就是一种身份、人设的暗示，后续回答中半佛仙人对于这个问题很快就抓住了一个"主要矛盾"，引出独特的"公共基础设施"概念，让用户感受到"看着很有意思"。

第二点，抓住了观众"懒"和大众猎奇心态。

"懒"指的是很多时候观众不想花时间想清楚某个事情的复杂逻辑，基本上对于普通用户来说那些不懂也参与不了且"高大上"的行业（如互联网企业运营、名媛圈等），是不愿意也没有必要去详细了解的。

而"揭露"本身作为话题非常吸引眼球，非常符合观众的猎奇心态，用户通过听段子一样的简单科普，对事情有了一知半解，能够感觉掌握了很多"硬核"行业机密，获得感拉满。

对于很多普通人来说，关注一下"半佛仙人"，拓宽自己的知识面，不管能了解多少，终究比不知道好一些，并且很多粉丝会很感激对方让自己意识到思维的局限，这也是他能够抓住用户心理，获得很多用户支持的原因。

2.2 知识型：博士李雷如何靠专业出圈并获赞百万？

一项调查发现，相比于全球平均水平，中国人对科学的信任度比别的国家更高，这也就意味着"中国人普遍更相信科学"，但是中国国内科学信息（专业领域有深度的内容）输出相对不够。在知乎，很多优秀的中国学者入驻成为科学传播者，让更多专业领域的知识被更多人看见并学习。

"李雷"这个名字大家或许并不陌生，它最早是人民教育出版社20世纪90年代初中英语教科书里的人物，"李雷"和"韩梅梅"已经成为2亿人童年的回忆，如图2-8所示。

在知乎上，也存在这样一个"李雷"，凭借深厚的专业领域知识功底爆火。他是中科院生物学的博士，作为"科普中国"签约作家，中国科学协会科普类项目评委的他，从2018年开始就在知乎上无偿为广大网友科普科学知识,专业的内容科普、幽默的文字风格、贴近生活的话语,让他收获了 88 万粉丝和 156 万的赞同,如图 2-9 所示。

图 2-8　初中英语教材中的"李雷和韩梅梅"

图 2-9　"李雷"知乎个人主页

2.2.1　方向正确,填补空白

专业知识从来都无法成为社会文化娱乐的主流,因为专业知识需要人们集中精神来记忆内容和思考,对于需要深入思考的事情,一般很难成为主流。

人类共性是喜欢八卦绯闻、野史逸事,无论是国内还是国外娱乐新闻都是绝对的主流。短视频的兴起是社会互联网基础设施完善后的必然结果。简单直接、不需要动脑的内容,加上智能推荐算法的加持,很快在文化娱乐市场中攻城拔寨,取代长视频成为人们在移动互联网时代文娱消费的主流。

而科普收益预期漫长,结果具有不确定性,在大众娱乐面前,实在没有吸引力,但是很多优秀的科研工作者义无反顾地投入传递专业知识、为大众科普相关知识的工作当中去,因为这群专业领域创作者追求的不是收益,单纯认为这件事是"有意义"的,就如牛津大学博士戴伟教授说的:科普(为大众讲解科学知识)和科研一样重要。

中国国内还有大量的科普空白,并没有一个很好的方法能让民众的科学认知与时俱进，知乎平台兴起后，像"李雷"这样拥有合适背景的科普工作者借助新兴媒体，正逐渐显示出科普的作用和价值。

2.2.2 内容专业，价值聚焦

如果你仔细阅读过李雷所回答的问题，便不难发现其参与互动的话题和所输出内容全部围绕"健康"领域，如图 2-10、图 2-11 所示。从饮食到远程医疗，再到低血糖、宝宝喂养、生育年龄讨论，全部包含在内，这能够让用户清晰地知道：我想看健康类的科学原理、疾病的成因及生活里遇到健康类问题，就找他，从而选择持续追随与关注。

图 2-10　李雷账号视频内容截图　　图 2-11　李雷账号回答内容截图

与此同时，李雷的回答，往往还会突破人们的认知。比如糖尿病患者也会严重低血糖（如图 2-12 所示）、建议欧洲少吃肉多吃素竟然和俄乌冲突有关……既很好地以健康角度切入解析，又极大地拓宽了用户的视野，给足用户惊喜感。

图 2-12　李雷账号内容截图

因此，我们在日后的账号运营当中，也应该注意输出内容的统一性和专业性，为自己贴上固定的标签，这样，更有利于平台用户在众多账号中记住你，从而吸引更多人的关注。

2.2.3　化繁为简，增强传播

在大众的眼里，"科学家"是一个很高大上的词语，总会给人一种"不食人间烟火"的感觉，科学家专注为科学研究奋斗，总说大众听不懂的话，甚至某些媒体喜欢杜撰"科学家常识欠缺"的谣言。而李雷巧妙地化繁为简，将晦涩难懂的知识点、文献，用普通人都能听得懂的语言来进行表达，尽可能让每一个人都能够明白科学原理。

作为科学类创作者,最重要的是如何让"圈外人"听懂及讲到合适的深度。面向普通大众的内容如果像论文一样论述,普通用户必然不买账,而李雷的回答就十分通俗易懂,来看其在"我们有哪些错误的常识"问题下的回答,如图2-13所示。

图 2-13 李雷的回答

李雷选择的是比较贴近生活的问题,开头也并非用大段的数据和研究论文来论证自己的观点,而是直接点出关键点"不相似",然后给出普通用户能看懂的直接证据,搭配上有趣的表情包,让用户愿意阅读下去,在此基础上,再给出一些浅显的研究数据,如图2-14所示。

这份表格是李雷为了科普和方便用户阅读自己制作的,原表格是没有中文的,如图2-15所示。

	1	2	3	4	5
人 human	T	G	C	A	C
黑猩猩 chimp	C	G	C	A	C
小鼠 mouse	C	A	C	A	G
猪 pig	C	C	C	G	A
猫 cat	C	C	C	A	C
狗 dog	—	—	—	—	—

图 2-14　李雷回答中的数据图片

Human	T	G G	C C C C C	A	C C G A
Chimp	C	G A		A	C G A
Mouse	C	A C		A	G A
Pig	C	C =		G	A =
Cat	C	C =		A	A =
Dog	=	=		=	=

图 2-15　回答引用数据表格原版

这样的科学知识传递可能在很多科学家眼里并不严谨，但是能够直击关键，通过"好玩"的优点来让普通大众学到知识。这样的科学知识传播被称为"娱乐化科普"，专业人士看来虽然太过简单，但普通人作为茶余饭后的谈资则正好。

这种类型的科学知识传播的目的是让大众从一个结论中产生兴趣，激发其了解某一个东西的欲望，是最具有传播意义的科普，也是科普最常用的方式。例如，美国航空航天局（NASA）的科普运作模式就是"娱乐化科普"，如图 2-16 所示。

图 2-16　美国航空航天局（NASA）的科普内容

李雷能够脱颖而出的重要原因，首先是好玩。如图 2-17 所示，"核酸真的能检测出奇奇怪怪的东西吗？"话题本身就非常吸引人。

图 2-17　核酸真的能检测出奇奇怪怪的东西吗

其次，针对用户提出的问题，他还利用视频动画与专业知识相结合的方式，深入浅出地进行阐述。让用户既能看明白深奥的科学道理，又觉得有趣，阅读起来无压力，可谓一举两得。

与此同时，通过播放数据也可清晰看出，这样的回答方式的传播效果也是十分显著。

2.2.4 永葆初心,勤奋如一

李雷账号从 2018 年建立到现在 5 年,能够拥有如此大量的粉丝,其中一个重要的原因就是李雷回答了 1900 个问题,发表了 342 篇科普文章,平均一天 1.5 篇回答,创作的所有内容中没有一个短回答,回答的全部都是相关的科普内容,就算问题的关注和浏览量很少,他也会认真地创作。

例如,问题"将来可能利用哪些手段对 DNA 进行人工修复?"有 62 人关注,浏览量 1 万,一共五个回答,如图所示 2-18 所示。

图 2-18　问题主页

李雷依旧创作了几千字的专业回答来解答问题,如图 2-19 所示。

图 2-19　李雷创作的回答内容

正是这样高频率、极认真、干货多又非常接地气的回答让李雷爆火。同时,他也具备一个科学类创作者所必须具备的两个素质:终身学习的态度和谦卑而谨慎的胸襟。

这是一个信息爆炸的时代,科学知识时刻处于快速更新的状态,必须保持信息敏感度,经常关注新的科学发展态势,翻阅各类枯燥的科学论文,持续学习,终身学习;同时,人的记忆是有限的,能够掌握的知识也是有限的,在长期科普的路上,不可避免会存在错误、疏漏和观点陈旧等问题,即使是一流的科学家,也有说错和记错的时候,李雷的科普文章下如果有用户指出错误并给出相应的证据,他并不会默不作声、视而不见,而是愿意低头认错并且积极改正,拥有科普人的基本修养。

2.3 品牌型:天眼查如何靠知乎刷足品牌存在感?

在知乎热榜问题下,有一位答主经常出现在用户的视野中,那就是"天眼查"的官方账号,知友们亲切地将其称为"天眼妹",在社会热点事件下,用户还会呼喊:天眼妹快快出现!

"天眼查"是一家 2014 年注册成立的机构,实现了企业信息、企业发展、司法风险、经营风险、经营状况、知识产权等 40 种数据维度查询。

"天眼查"账号从 2017 年开始布局知乎,在几年的时间内回答了 1800 多个问题,收获了 30 多万粉丝,获得了 160 万点赞,如图 2-20 所示。

图 2-20 天眼查知乎主页

2.3.1 借助优势,精准锁客

天眼查主要出现在商业、法律、互联网等话题下,主要以曝光问题涉事的公司为主,某个公司被爆出企业问题、产品质量问题,这种时候大众下意识会认为其背后存在一条"利益链条",但是普通大众没有办法找到这条可能的"利益链条"是否真实存在,这种时候天眼查就借助自身的优势层层抽丝剥茧,为用户剖析和揭秘该公司的组织结构和存在的风险等。既满足了用户的观看欲,又狠狠宣传了自身平台,锁定了一大批精准的客户。

在问题"学生集体呕吐,校长痛哭换不动送餐公司,校长有责任吗?该怎么处理送餐卫生问题?"天眼查的回答如下。

在事件爆出后,天眼查通过官方的新闻媒体了解到事发学校 A 县的送餐公司为 B,如图 2-21 所示。

图 2-21 天眼查回答内容 1

天眼查通过本公司查询数据了解到 B 公司确实在 8 月份中标了 A 县下属事发学校的营养午餐招标项目,如图 2-22 所示。

图 2-22　天眼查回答内容 2

再根据该公司的股东在近期变更数据，顺藤摸瓜找到了分支机构 B 和其注册地址，发现该公司是一家商贸公司，为了承接学校的送餐业务，该公司在中标后两个月才在经营范围中增加了餐饮业务，如图 2-23 所示。

图 2-23　天眼查回答内容 3

天眼查在文章末尾给出了这样的结论。

那天眼妹不禁有些疑惑，一家原本注册地址在 ×× 的商贸公司，看起来和餐饮并没有强关联性，是如何获取 ×× 地区一个县城教育局的食堂招标信息又顺利中标的呢？

说回这件事，校长称自己想让学生吃得好一点，但换不了送餐公司。吃得好不好暂且不说，如今送给学生的餐品出现了安全问题，如果校长已经将此事反馈给教育局，却还依旧换不了送餐公司，那教育局招标来的公司，究竟是为了给学生送餐，还是给家长和老师添堵呢？

天眼查账号通过在行业内的优势，开门见山地给出了作为看客想要的答案，同时也宣传了公司的业务。

2.3.2 拟人口吻,增进好感

"天眼查"官方号的回答一直采用第一人称,自称"天眼妹"。这个账号所发表的内容和普通个人账号一样具有强烈的个人风格,通常来说,机构号作为官方的发声渠道,需要维持一定的权威性,在措辞上需要极其注意,不能太过展现运营者本身特质,这也造成了很多官方号给人"不接地气"的感觉。

反观天眼查账号的回答内容,文风不仅会展现出很强的个人情绪,还会吐槽生活和工作中的一些小事,在这种充满生活气息的回答中,用户能够感受到这个账号拥有一个完整的"人设"。

例如,天眼查的回答中会出现下面的内容。

"赶脚"下面这些口味的雪糕,不需要吃过,就已经足够让天眼妹十分难忘了QAQ……比如大白菜雪糕,是用货真价实的大白菜做的。

也有一些私人的想法出现,如图2-24所示。

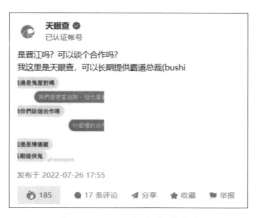

图 2-24 天眼查发布的内容

"天眼妹"也和普通用户一样会有自己的小情绪,会表达出来;也会分享自己的生活和工作环境,账号在宣传产品的同时也能让用户感觉到亲近,这也是用户亲切地称之为"天眼妹"的原因。

笔者发现，天眼查的账号运营策略中，无意间踏入了"虚拟偶像"[1]领域。对于虚拟偶像，很多官方账号都在不同的平台推出了拟人化的运营策略，如bilibili平台的招商银行官方账号、中国联通官方账号等，如图2-25所示。

图2-25　bilibili招商银行官方拟人化角色

虚拟偶像作为融合科技与文化的新兴事物，运营上以强化"普通人"形象为重点，最大限度地拉近与粉丝的距离；内容上紧贴人设，将流量最大化，成熟品牌能够借此打破固有形象，破圈融入年轻消费者；新锐品牌能借此打造或巩固自己的定位，收获高价值的私域粉丝。

可以通过知乎想法来判断粉丝黏度（知乎想法使用率较低，如果不是黏度较高的用户几乎不会查看）。如拥有70万粉丝的个人账号"覃宇辉"，及77万粉丝的官方号"中国科普博览"发布的想法如图2-26所示。

在知乎发布的想法平均点赞只有50~100个，评论更少，反观"天眼查"官方账号如图2-27所示

1　虚拟偶像：指通过CG等手段创作，在虚拟或现实世界中，模仿真实的偶像运营的虚拟形象的总称。

第 2 章 揭秘：知名答主的成长史

图 2-26 个人账号"覃宇辉"及官方账号"中国科普博览"知乎想法

图 2-27 天眼查的知乎想法

天眼查只有 30 万粉丝，其日常生活分享内容都拥有 150 以上的点赞且用户评论积极，粉丝黏度极高，而且粉丝评论的多数内容都围绕着"天眼查"的运营者"天眼妹"展开。

一般来说，对于虚拟偶像，粉丝喜欢的是中之人（幕后之人）在一段时间内演绎出来的虚拟形象，在长久的相处过程中，由于幕后之人的演绎较为突出，那么粉丝就会不自觉地把喜爱从虚拟的形象转移到幕后之人身上[1]。

天眼查的粉丝群体中有很多是被账号运营者的特质吸引的，天眼查运营者构造出了一个美好虚幻的"天眼妹"形象，可爱的语气、偶尔的抱怨、亲近粉丝的运营策略，让粉丝对"天眼妹"产生喜爱，而天眼查账号的运营者产生"面纱效应"，让粉丝想更多地了解虚拟的人格映射出来的真实个体，从而产生了更高的黏度。

天眼查的运营方式给在知乎运营的官方号提供了一条新思路，打破了"官方号只能说官方话"的刻板印象，通过另一种方式让品牌深入人心。

2.4 创业型：KnowYourself 如何靠知乎加速商业进程？

"心理学"一直被认为是"小众""大众不了解"的学科，从2016年KY入驻知乎以来，收获了212万粉丝，粉丝数量排名第九（除知乎官方账号外），获得了254万点赞和388万收藏，是少有的收藏数量比点赞数多的创作者，如图2-28所示。

图 2-28　KY 知乎主页

1　通常来说，幕后之人是不能透露自己的个人信息的，只能按照角色设定的"剧本和人设"进行运作。

很多人可能没有听说过这个平台，KY 是一个学院派的心理学平台，最初在微信公众号运营，相比星座占卜、情感电台这类心理学的"江湖派"，KY 的特征可以概括为——论文式的心理学长篇分析、学术式的标题词汇，以及"非黄金时间"的深夜推送。

KY 这套看似毫不符合"爆文逻辑"的做法，却在各个平台持续保持着篇篇 10 万＋的阅读量，在内容的基础上，其探索了心理教育、互助社群、泛心理服务和周边电商的商业模式，而知乎是其最成功的一个平台。

2.4.1 率先布局，抢占先机

"国内平台用户连心理学的理念都搞不清楚，你这样的内容在国内平台现在是做不起来的。"在 KY 创立之初，创始人钱庄收到了这样的建议，刚从哥伦比亚大学临床精神卫生专业硕士毕业的钱庄最初也"没想过当成公司来做"，只是想做一个单纯的公众号和科普号。

2016 年，知乎平台用户正在逐渐上升，KY 决定在知乎开设自己的账号，没想到的是，KY 最初在知乎发布的几篇文章马上爆火，每篇文章都受到了编辑推荐，其公众号及品牌获得了大量的流量和曝光度，如图 2-29 所示。

图 2-29　KY 早期回答

短短几年内，KY 的粉丝量级达到了知乎创作者的顶尖水平，而其内容依旧保持着"学院派"风格。例如，KY 回答的第一个问题"低自尊的人应当怎样自我治疗或调整？"节选如下。

Melanie Fennell 在《克服低自尊（Overcoming Low Self-Esteem）》一书中，将自尊定义为"我们看待自己的方式，我们对自己的想法，以及我们赋予自己的价值"。她指出，自尊是我们关于自己的核心信念（Central Belief），而低自尊意味着你对自我的品质和价值有负面的核心信念，比如你可能觉得自己是软弱无力的，觉得自己不够好，配不上美好的事物和人，等等。

自尊是个连续谱，也就是说，每个人的自尊水平都不同。有些人自尊水平较高，他们只是间歇性地、在遇到某些情况时（比如面试，或者第一次邀请人外出）才会产生自我怀疑，而自我批评并不会影响到平时的生活。

这样论文式的长篇分析以及大量学术用词反而成了 KY 的优势，成为用户愿意关注它的理由之一，而 KY 能够在知乎获得成功的底层原因是平台拥有大量的高学历、高素质读者。

2.4.2 持续深耕，静等风来

KY 公司有大量海归背景的员工，平时与国际人士交流也比较多，因此注意到了一个事情：国外一些精神健康类 APP 兴起，例如，Headspace 和 Calm[1] 的估值都超过了 10 亿美元，年营收超过 1 亿美元，这表明一个趋势——大家都在探索如何用数字化和标准化的产品服务，来降低精神健康服务的门槛，让更多人能使用精神健康服务。

在发达国家，关注身心健康已经是共识，国内健康观念比较落后，

1　Headspace 和 Calm 都是美国的在线医疗保健公司，专注于引导式冥想，帮助用户获得更加健康的生活。

大多认为健康等同于身体健康。让用户认可提升情绪和注意身体健康一样重要,是非常重要的事情。

心理健康服务公司最常规的思路是为医院提供心理咨询或为学校提供心理课程,KY也不例外,但是KY迟迟找不到好的平台,直到发现了知乎。

早期的知乎完全满足其推广的条件:

① 用户学历相对较高,对于新知识、新理念接受程度较高。

② 环境适合学院派风格入住。

③ 综合型平台,流量及推送机制友好。

KY在入驻知乎以后,大家发现国内还是有相当一部分人群日常中具有"心理学"方向的需求,愿意通过学习学科理论来"了解自己",这时候不仅KY,包括简单心理、壹心理等平台也入驻了知乎。

2020年新冠肺炎疫情来袭,很多人长期隔离在家,心理状态受到了很明显的负面影响,焦虑、抑郁等情绪比较明显,更多人开始重视心理健康,大众接受心理科普的意愿大大提高。

截至2022年,知乎已经成为国内心理学相关话题下关注者数量及内容质量综合最高的平台,如图2-30所示。

图2-30 知乎话题"心理学"关注人数

2.4.3 剖析日常,刚需锁定

KY在知乎发布的内容适用场景非常广泛。如果用户最近有一些困扰,比如这份工作做得不开心、和伴侣吵架;或者有一些长期困扰,但没有痛苦到影响社会功能;或者说真的出现心理问题,但尚未达到心理疾病的程度，都可以在 KY 的回答中找到一定的解决方法。KY 常见的创作主题包括原生家庭、亲密关系、职场人际关系、自我觉察，等等。

KY 回答中的很多场景，都是在普通人生活中会出现的场景，以一篇获得 1 万点赞且阅读量极高的文章"为什么我对别人的情绪格外敏感"为例进行说明。

整个内容围绕这几个角度展开：对他人情绪极其敏感的人是什么样的？我为什么对他人的情绪这么敏感？什么是真正的共情？又该如何做到？

文章开头给了如下几个例子。

后台收到这样一条粉丝留言："我从小到大都特别善于察觉别人情绪的变化，不管是家人、朋友、老师还是领导，只要他们情绪有一点点反常，我就能捕捉到，即使周围其他人都没有察觉出异样。而且，我不仅能感受到他们的情绪，还会深受这些情绪的影响。这是为什么呢？"

……

你感知细节的敏锐度很高，并且会不受控制地对它们加以解读。

……

你通常能够迅速察觉出他人情绪的变化。

……

通过几个例子，让观众清晰了解"情绪敏感"的概念，之后给出一个研究数据：

Elaine Aron 是最早对高敏感人群（Highly Sensitive Person，HSP）进行研究的心理学家，她的研究指出，人群中有约 20% 的人有着异常敏感的大脑，这些人在面对他人情绪时表现出更强的生理反应。研究表明，除了情绪以外，高敏感人群对包括声音、气味等在内的任何细微的外部刺激都有着超强的意识，他们在处理外部信息时会更加彻底，面对正面或负面的刺激时都会产生强烈的反应。

……

临床心理学家 Greg Hajcak Proudfit 和他的团队研究发现，以批评为主的教育方式会对孩子造成十分深远的影响，因为它会把孩子的大脑训练成一种"过度强调过失"的模式。这一方面使得孩子逐渐内化了父母对自己的苛责，认为那就是一种对自己客观的反馈，相信自己正如他们评价中的那样一无是处；另一方面，他们会把别人的情绪解读为对自己的负面评价："Ta 好像生气了，是不是因为我刚才太蠢了？""Ta 看起来心情不好，是不是因为觉得我这个人太无趣了？"长大后，他们会变得对他人的情绪格外敏感，并把那些情绪都当作对自己的负面评价，而为了让他人对自己满意，他们会去尽力平稳那些情绪。

通过科学的研究数据，告诉读者"情绪敏感"的来源，能够让读者对内容产生信任感。

最后，在文章的结尾给出解决问题的方法。

那么正确的共情应该怎么做呢？

明确自己的情绪来自哪里。

……

"这真的与我有关吗？"

……

说服自己：我没有承担他人情绪的责任。

……

能够看出，KY 的文章既不注意观众的阅读压力（常使用大段文字），又使用了很多专业名词，只从文章结构上来说，是不利于普通用户快速阅读的。

但对于关于自身"心理"方面的问题，很多读者需要的是一个让自己信服的解答，需要知道"是什么""为什么""怎么办"来解答这类问题，比起"我觉得"，"研究发现"更能让用户产生信任感。

KY 的大部分内容都是通过生活中的细节引导读者了解自己，对于学生、物质相对富足但生活压力较大的群体是十分有吸引力的，这部分人群也对这样"论文式"的论述不反感,甚至能加深信任。

因为阅读这类文章的最终受益者是自己,能够解答一个困扰自己很久的"心理疑惑",让用户加深对自己的了解,对于用户来说这类获得感带来的欣悦程度是非常高的。

KY这种以日常话题入手的方式,深入浅出地剖析,将每一位用户与自己密切地绑定起来,同时也解答了用户埋藏在心底许久的疑惑,才让其拥有了快速爆火并借势破圈的实力,加速了其商业化进程。

2.5 经验型:"常爸"如何获得 30 万父母追随?

在新冠肺炎疫情到来与双减政策落地之后,越来越多的家长开始学习,试图通过提高自身育儿能力,来帮助孩子打开视野、规划人生道路。但是,面对互联网上各种育儿专家、家庭导师,很多家长总是摸不着头脑,不敢轻易相信。

在知乎,有这样一位爸爸成功抓住机会,通过 900 多篇文章、290 条视频、700 多个回答,赢得了近 30 万家长的信赖。他就是"常青藤爸爸"——黄任,简称常爸。

2.5.1 阅读便捷,干货满满

在快节奏的生活当中,人们越来越渴望能在最短时间内获取自己最想要的内容。与那些长篇大论的育儿专家不同,常爸非常明白这一点,因此,从 2019 年开始,他就使用视频的方式来输出自己的观点、回复广大用户的提问。

通过近些年的不断迭代,其视频内容的脉络也逐步清晰。在一般情况下都具有以下这几个特征。

选题:每一个家长在生活里都可能遇到的具体问题,比如不爱读书怎么办？孩子爱集奥特曼卡片怎么办？这些生活里都可能会遇到的具体问题往往有两个特征，那就是"虽然很多人也在说，但切实有用的观点没多少"和"方法越多越好，我可以逐一尝试"。摸不着头脑的家长只能持续在网上寻找答案，这就在无形之中带来了巨大的流量，也让常爸成了家长们的智囊团。

标题：直接说要讲什么事情。要知道错看一个视频的时间成本其实并不低，而且宝妈宝爸还需要工作和照顾孩子，留给他们的业余时间本来就不多。在标题上明确告知我要讲什么内容，更便于用户快速判断自己是否需要观看这个视频，大大节省了用户的时间成本。

开篇：直接点题。与那些专家学者明显不同的是，常爸并没有高谈阔论，拿出专家范儿，而是简单直接、快速切入主题，让用户能够快速接收信息的同时，判断出自己的想法。如果自己和常爸想法一致，可以继续看；如果想法不一样，又实在不认可，也可以关掉不看，再一次节省时间。

内容：直接给出解决方案。要知道，比起解释孩子为什么要这么做，直接告诉家长该怎么做，更为重要。常爸的视频节省了让家长们自己思考的时间，在抛出观点后直接告诉家长该怎么做，让认可他的家长可以将方法直接拿来用。

正因有以上几个特征，所以常爸的视频内容既做到了与用户之间的双向快速选择，又能够节省用户学习知识的时间，同时，也让干货部分更加突出，一举三得。不仅仅是视频内容，其文章大多也吻合上述特征。

正是这样的内容节奏，让常爸收获了近 30 万家长的支持。

2.5.2 贴近生活，拿来就用

除了观看和阅读便捷之外，常爸的内容也真正能拿来就用。无论是视频内容，还是文章内容，都能让用户直接"抄作业"，既节省了用户通过学习育儿理论才能搞清楚孩子行为原因的时间成本，还能够快速、有效地解决问题。

以《"大人"一个唱红脸、一个唱白脸,孩子说:够了,这让我双倍痛苦》这篇文章为例,常爸在文章最后一部分分别根据具体场景告诉读者该怎么做,如图2-31所示。

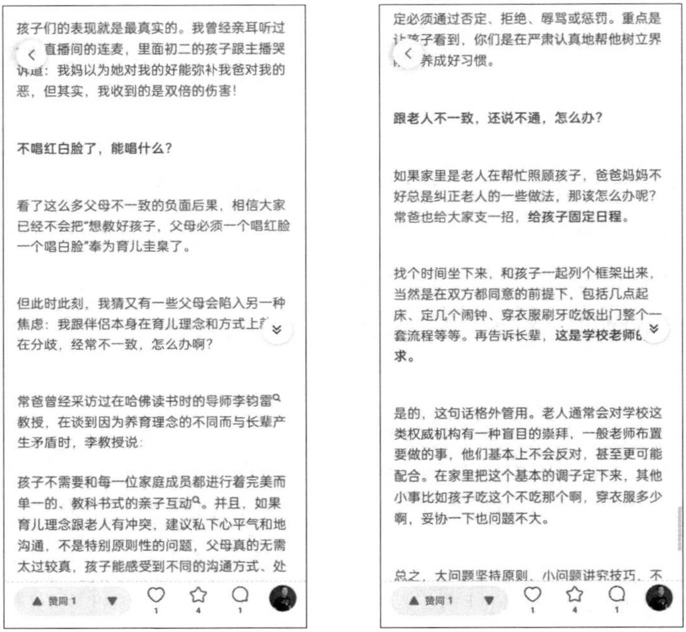

图2-31 常爸文章截图

这样,用户看完以后就可以直接应用,省去了到处翻找答案、思考做法的时间,避免读者哪怕看过同类文章,但是生活中再发生这样的事情,还是束手无策的尴尬。

2.5.3 提醒及时,刚需绑定

除了上述特征之外,另外一个让常爸持续爆火的原因就是对于问题的反馈和提醒非常及时。比如,这边刚出现中小学奥数竞赛被取消的消息,那边常爸就发出了取消之后家长该怎么办的视频，如图 2-32 所示。

图 2-32　常爸解读视频

再比如，在寒暑假开学前及中考出分后，常爸都发布了视频，告知家长在这个阶段该注意什么、该怎么做，真正意义上做到了远程帮助家长养娃，如图 2-33、图 2-34 所示。

图 2-33　开学前发布视频

图 2-34　中考出分后发布视频

这种及时的信息传递，也让常爸成了广大家长心目中的育儿导师，从而选择持续关注。

2.6　政企型：最高检靠什么赢得百万用户信赖？

在大众眼里，检察院、法院都是冰冷的组织，而且在一般情况下，普通人根本不会接触到。但是在知乎，最高检拥有近 239 万粉丝，成为用户心中平易近人、排忧解难、充满温情的账号。那么，最高检是如何做到的呢？

2.6.1 借势平台，诚意满满

回顾最高检知乎账号时间轴不难发现，其在 2022 年 1 月受到知乎官方邀请，亲自回答广大用户的提问。消息一出，瞬间吸引 1.1 万用户关注、552 万浏览，如图 2-35 所示。

图 2-35 知乎平台官方邀请最高检作答

除了平台加持之外，最高检也在知乎针对用户的提问，给出了通俗易懂的回答，而且回复内容还略带温情，字里行间，诚意满满，如图 2-36 所示。

第 2 章　揭秘：知名答主的成长史

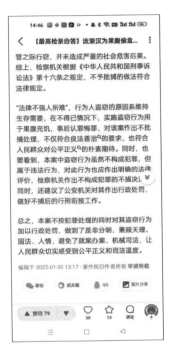

图 2-36　最高检回答截图

2.6.2　及时同步，广而告之

除了亲自下场解答广大用户的提问之外，最高检的更新频率也很高。针对大众关心的大小事件全部第一时间进行回复说明的态度，更能使用户对其产生好感，如图 2-37 所示。

短短 11 个月的时间，最高检创作了近 7500 个内容。这种超高的更新频率，以及事必躬亲的态度，吸引了大量用户关注，如图 2-38 所示。

图 2-37 最高检文章

图 2-38 最高检账号

2.6.3 内容通俗，好懂好记

为了让用户更快、更精准地了解法规信息，最高检还将晦涩难懂的法律条文植入案例当中进行解析，用一条又一条的视频，让每一位普通人都能够看懂，如图 2-39 所示。

与此同时，最高检还一改往日的严肃，通过歌曲、视频展示检察官独有的风貌，如图 2-40 所示。在让整个账号更为鲜活的同时，也恰到好处地传递出了最高检工作人员"来自群众，服务群众"的宗旨，让账号与用户紧密连接，让距离感荡然无存。

图 2-39 最高检发布的视频

图 2-40 最高检《我的梦想》视频截图

2.7 阅历型:"七优"如何赢得 50 万家长的信赖?

没有抖机灵的本事,也没有傲人的一技之长,甚至连日常生活都平淡无奇,但这些其实都没关系。在知乎,你所经历的一切,无论多么平淡,都会有人觉得有价值。有这样一位从教 10 多年的班主任,通过质朴的文风和真实的工作、生活经验分享,在帮助诸多家长解决"该如何帮孩子学习"这个问题的同时,也收获了近 50 万家长的关注。让"不写作业母慈子孝,一写作业鸡飞狗跳"成了过去式。她,就是七优。

2.7.1 多维展示，真实自然

在七优的账号当中，你能看到浓浓的生活气息，而不仅仅是她所在垂直领域的干货。通过浏览她发布的想法，一个对生活充满热爱、对孩子充满期待、对工作充满热忱的班主任形象赫然浮现在眼前。仔细按照她的账号时间轴浏览，不难发现她的想法包含了下面几大方向的内容。

① 日常工作插曲。她将工作里遇到的小故事、暖心瞬间，全部记录在知乎想法，让广大用户一起感受温馨的同时，也将自己的身份凸显得淋漓尽致。这在无形之中就增加了自己的身份可信度，给自己的内容输出做了很好的背书。

② 日常生活片段。除了工作，她也会把家庭生活进行展示，比如整理好的书架、儿子的照片、身边的花朵、爸爸跟儿子做游戏……全部记录在案，给人一种她就在身边的感觉。

③ 教孩子学习的技巧。这部分是七优相对硬核的内容，她不会像其他博主那样长篇大论，而是将在工作里遇到的、教孩子学习的相对具体的方法整理成小图片发布出来。这样，用户看到以后就可以直接拿着图片中的方法来教孩子，方便、快捷。

④ 参与官方活动。与其他账号不同的是，七优从来不避讳为官方宣传，反倒将参与的官方活动全部记录下来。给人真实、自然的感觉，同时也向更多用户传递出了"只要持续输出干货，你也有机会成为下一个我"的信息。

她发布的想法全部以色彩明快的图片为主，让人赏心悦目的同时也充满了温馨、幸福之感；她还会偶尔晒一晒家长给她的微信留言，又为整个账号增添了真实感。浏览下来，用户会发现七优就像是真实生活在自己身边一样，完全没有大V博主高高在上的感觉，让人觉得非常有亲近感，就想听她说话。

2.7.2 巧用角色，拉近距离

七优的回复将角色共情做得非常到位。仔细阅读她的回答，不难发现如下规律。

面对教育孩子时遇到棘手问题，非常着急想要知道具体答案的家长，七优的第一句话会表明"作为宝妈，我之前遇到过这事，你先别着急"。在拉近与用户距离的同时，也将情绪安抚得相当到位，让人觉得"这件事可以被解决"，能够冷静下来仔细阅读她后面的文字。

针对不知道怎么带孩子学习、提升文化知识水平的家长，七优一句"作为一个从教 10 年的班主任"，瞬间给家长吃了一颗定心丸。哪怕接下来的内容再多，家长也会耐心地看下去，因为这是难得的、班主任的回复，可能我孩子的班主任也是这么想的。不仅给了用户看答案的动力，也在无形之中给了用户充足的底气去实践她给出的建议。

针对孩子玩游戏、上兴趣班，七优有时会以她孩子的口吻作答，告诉用户，我家孩子也这样，之前是什么情况，后来发展成什么样，最后被我引导成什么样。

整个回答看下来，会让读者觉得在自己身上发生的事情，在她身上也都发生过。这在无形之中，就传递了一种安全感和战胜问题的信心。

2.7.3 条理清晰，知识硬核

除了真实、鲜活、自然与共情之外，七优的回答也条理清晰、干货满满。与那些长篇大论的答主不同，她还贴心地为回复设置了目录。觉得太长看不完？没关系，先翻翻目录，觉得哪里对自己有用，就直接跳过去看。这极大地节省了用户的阅读成本，也让答案的条理更加清晰。

除了设置目录之外，七优的回答一般都遵循"先分析成因，再给解决办法"的规律。以"小朋友上兴趣班之后，将上课变成任务"的问题为例，来分析她的答案构成。

七优先是分析原因：从 3 个角度解释"兴趣班为什么会变成任务"。

① 发现想象中的兴趣班课程和现实不符。

② 授课方式 / 内容 / 频次孩子不适应。

③ 孩子家庭环境影响。

紧接着，针对上述三个角度，七优给出了对应的解决方案。

① 先引导孩子从"散装学习"变成专业学习。

② 碰壁时，家长和老师要引导。

③ 实在抗拒，就放弃。

这样的回答在心理上解开了家长"孩子为什么会这样"的困惑，又告诉家长，在具体情况下该怎么办，这种既治标又治本的回答，让人好感倍增。

第 3 章 知乎
攻略：优质内容如何霸屏知乎？

无论是个人还是企业，想要通过知乎来获取粉丝、赚取收益，都需要经历一段账号的起号期。虽然在这个时间段里账号的收益较差，但决定了账号日后在平台上的后续发展，决定后续能否持久获得收益。那么，在知乎运营账号到底该遵循怎样的逻辑？到底怎样的内容才能在知乎爆火？

3.1 怎样的内容布局容易出圈

虽然知乎拥有很多不同的账号类型，每个账号类型又都有着自己独到的内容输出体系，但综合来看，可以划分为如表3-1所示的三种类型。

表3-1 知乎不同类型账号

类型	综合型账号	专业型账号	故事型账号
内容特征	不同话题相关性低，专业内容输出能力较弱，内容垂直度低	不同话题相关性高，领域专业内容输出能力较强，内容垂直度高	专注故事创作，如盐选平台短篇故事、长篇小说创作

续表

类型	综合型账号		专业型账号		故事型账号
主打内容类型	经验感受、生活分享		知识科普、问题解析		小说、故事
提供价值	满足用户对情感体验的需求		满足用户对某方面专业知识的需求		满足用户的阅读消遣需求
运营者	个体	品牌和机构	个体	品牌和机构	个体
典型用户	半佛仙人	天眼查	李雷	KY	七月荔

3.1.1 综合型：以独到观点出圈

综合型的话题选择很广泛，如图 3-1 所示，这是知乎典型综合型账号的话题和回答界面，能看出运营者半佛仙人在多个话题维度下的回答均匀分布，没有特别注重某一个话题且回答内容具有很强的生活气息。

图 3-1 综合型账号

这样的账号优缺点如下。

优点：

① 回答大多不涉及深度专业内容，对账号创作者知识积累深度要求较低。

② 可选择话题广泛，各类话题均有权重，可快速转换运营策略。

③ 各类热点话题均可享有部分流量。

缺点：

① 文章多涉及生活事件描述，需要有较多生活经验和良好的写作功底。

② 流量不固定，缺乏稳定获取粉丝的手段。

③ 获取官方认证领域优秀答主困难。

知乎很多账号都属于综合型账号，这也是大多数普通用户的选择，其最大的亮点是通过独特的行文风格，从独特角度解析问题，用贴近生活的故事给读者带来不一样的阅读体验。

因此，具有深厚写作功底和生活阅历，却没有对某一领域极深的专业知识储备的运营者，不妨选择建立一个综合型账号。用自己独到的观点、独有的风格，来圈定属于自己的粉丝营地。

3.1.2 专业型：凭持续硬核干货出圈

专业型账号是知乎创立的初衷，也是吸引普通用户入驻知乎的中坚力量，知乎绝大多数的优质内容都来源于专业型账号的输出，如图3-2所示。

专业型账号的话题垂直度高，着重就某一个领域进行知识输出，回答具有很强的专业气息，其优缺点如下。

优点：

① 账号在擅长领域内话题权重极大，回答会优先展示。

② 相关热点话题答案排序较高，粉丝积累较快，有稳定积累粉丝的能力。

③ 优质内容持续输出，容易获取官方认证。

缺点：

① 话题涉及面较窄，运营策略单一，转型较难。

② 对于账号使用者特定方面专业知识积累程度及持续输出能力要求较高。

图 3-2　专业型账号"刘博洋"的关注话题及回答

专业型账号能够持续输出某一领域的硬核内容，粉丝数量积累较快，多数知名博主或者企业号在知乎都是专业型账号，有相应粉丝基础后，账号发布的内容在盐选专栏、知+带货有很大的优势。

因此，如果读者在某一方面具有超强的专业知识储备，那么不妨选择这样的内容布局，从而快速吸引对自己所在领域感兴趣的粉丝。

3.1.3　故事型：以虐文故事出圈

故事类账号是知乎近年大力投资推广的部分，吸引了不少网文作者入驻。如图 3-3、图 3-4 所示，这类创作者以在盐选平台撰写小说为主，对于问答、想法、文章等站内其他功能，并没有过多涉猎。

这样的账号优缺点如下。

优点：

① 容易得到官方小说、故事类定向扶持。

② 优质内容持续输出，更容易变现、获得收益。

缺点：
① 入局门槛较高，需要具备一定创作功底。
② 需要投入大量精力进行创作。

图 3-3　故事型账号截图　　　图 3-4　故事型账号内容

对故事类内容创作者来说，一旦单本作品创作失败，没有得到签约、合作，之前的努力就会付之东流。

现在，有越来越多的创作者入驻知乎，并进行变现。如果读者在网络文学创作、小说创作中颇有建树，或是特别喜欢网络小说，想要以此为专业持续深耕，可以选择在知乎进行小说创作，将精彩文字，快速变成实打实的现金收益。

3.2　提升流量的五个动作

在运营账号时，每一位运营者都希望自己的内容被更多人看见。那么，怎样的内容才能快速让更多人看见呢？除了具备优秀的创作能力之外，准备工作也必不可少。如果在创作之前分析到位，那么在动笔之前你的内容可能就已经成功了一半。本节将详细介绍提升流量必须做哪些准备。

3.2.1 关注热榜问题并参与其中

以网页端为例，知乎的首页分为"关注""推荐""热榜""视频"四个分类，如图3-5所示，热榜榜单由50条内容组成，2~3个小时更新一次，热榜内容会被推荐给全站用户。热榜会给优秀回答带来巨大的流量曝光。

图 3-5　知乎热榜截图

1. 了解热榜话题收录条件

热榜在知乎无疑是一个巨大的流量入口，上榜的问题一般都会有百万到千万的热度。通过长期观察、总结，再参考知乎平台的公开文献，不难得出知乎热榜话题选取条件如下。

① 30天内没有上榜纪录的全站内容，都有机会上榜。

② 知乎根据浏览量、互动量、专业加权、创作时间这四个维度计算

出问题的分值,进行加权计算获得总分(具体加权逻辑官方未公布且暂未找到可靠资料),分数越高越容易上榜。

③ 时效性越强的问题,越有可能登上热榜。第②条的四个维度的加权总分以 24 小时为前提计算,24 小时内的总分越高越有机会上热榜。

④ 获得官方推荐,可直接登上热榜。热点新闻类话题,根据其余平台热度,知乎官方会跳出原有分值加权机制,直接进行热榜推荐。

因此,我们在创作的时候,应该尽可能选择近期发生的、热度比较高的话题在第一时间进行回答。并且在回答之后要关注内容的浏览量、互动量,这样才更有可能获得平台的流量加持。

2. 选择常见的热榜问题类型进行创作

俗话说得好,选对话题等于成功了一半。在知乎热榜中,也会出现一些被高频推荐的话题类型。如果经常参与这些话题并互动,那么就比其他人有更多的机会被推荐,从而获得巨大流量曝光。

知乎热榜出现频率较高的话题都有哪些呢?

(1)热点类新闻。热点新闻主要为最近 3 天内发生的热门事件,例如,2022 年 6 月 20 号早上的热榜新闻,位于第一、第二位的分别是 6 月 19 日晚"陆基中段反导拦截技术实验成功"的报道和某明星新专辑的发布信息,如图 3-6 所示。

图 3-6 新闻类热榜

明星及社会热点话题类问题会周期性出现,是可以预测的讨论话题,可以提前有针对性地准备稿件，抓好时机作答；而时效性较强的突发新闻，如自然灾害、新闻通报等，知乎的反应速度虽然没有微博或其他新闻平台快，但是知乎舆论发酵速度很快，社会影响力较强的事件，会有多个不同的问法出现在知乎热榜。

（2）假设类问题，俗称的"脑洞"问题，如"假如在古代你当御厨给皇帝泡一碗方便面会发生什么？"如图 3-7 所示，此类问题答案大多是灵机一动的趣味内容，会在短时间内给读者带来一种阅读快感。

> 假如在古代你当御厨给皇帝泡一碗方便面会发生什么？
>
> 帝释清："爱卿，上次的方便面可还有？""回皇上，方便面只有那一碗了。""胡说八道，我泱泱大国皇帝，怎的…
>
> 8592 赞同 · 273 评论 · 2021-03-21

图 3-7　假设类问题

（3）经验类问题，即生活中关于某一个事件或物品的看法、体验、使用经验，如图 3-8 所示。经验类问题多数都是通过答主给用户讲故事来给出建议，这类问题带有较好的情感体验，也易于传播。

图 3-8　经验类问题

（4）营销种草类问题。这类问题主要为品牌或者产品的评价咨询，如图 3-9 所示，产品评测问题无论什么时候都具有探讨价值和探讨意义，所以也会阶段性地出现在热榜。

图 3-9　营销种草类问题

3.2.2　为官方运营提供内容素材

知乎官方运营的重点话题和模块大概分为五种：第一种，突发性社会热点事件，如突发自然灾害、重点政策解读等；第二种，具有鲜明时间特征或时效性的问题，如春节购物、双十一、高考志愿等；第三种，官方周期性专题、创作活动；第四种，圆桌话题讨论；第五种，知乎问题推荐。

针对这五类话题，知乎官方平台会刻意给予流量扶持，用户针对这些问题作答，就可以快速获取流量。

1. 及时评述突发的社会热点事件

突发热点类事件，从问题在知乎被提出到被大量曝光，一般有10~20个小时的反应时间，对回答者的新闻敏感性、观点论述能力、素材整合能力要求较高。如果读者具备新闻从业背景或比较喜欢评论员文章，不妨尝试。

2. 提前布局周期性热门话题

周期性热门话题的引爆时间段是可以被预测的，如中高考、四六级、毕业论文、年终总结、双十一等，这些话题每年一到特定时间都会成为热门。对于回答者来说，这类问题可以提前做一份时间节点图，在时间节点来临之前就抢先布局，将问题的答案先梳理清晰，再找准时机进行发布，就能轻松获得这波流量。

3. 参与官方专题、创作活动

通过创作中心，可以看到知乎官方的近期推荐话题，其中包括了每周热点汇总和当下专题活动，如图 3-10 所示，每个话题持续周期不等，创作者可以根据自己的创作优势进行回答。

图 3-10　知乎活动中心截图

创作中心的话题会获得流量加成或现金收益，用户从不同的视角对专题内容展开提问（具体的专题内容只能在 APP 端查看），创作者可以选择自己擅长的问题进行回答。如图 3-11 所示，"618 专题"下分为四个话题，不同话题下面的问题包含不同的话题标签，对于回答者而言，可以选择自己经常回复的话题领域和感兴趣的问题，进行提前布局，抢占流量先机。

图 3-11　618 专题

4. 参与圆桌话题

知乎圆桌话题是利用知乎的问答机制，围绕特定主题举办的活动，通过单击网页版知乎首页右侧相应按钮或者 APP 个人中心能够进入，如图 3-12 所示。

图 3-12　圆桌话题入口

圆桌话题是知乎信息聚合的一个重要途径，平台通过收录用户在圆桌话题中的讨论，可以让用户快速找到相关话题下的优秀回答，好的圆桌话题会带来巨大的流量。例如，圆桌话题"职场人的高效「秘籍」"，总共有 1.3 亿次的浏览，该圆桌话题中包含的问题基本都有百万以上的浏览量，如图 3-13 所示。

图 3-13　职场人的高效「秘籍」

5. 在知乎问题推荐进行互动

除以上自主寻找的路径外，我们也需要重点关注知乎的推荐问题。在知乎创作中心，能看到为用户提供的问题推荐，如图 3-14 所示。

图 3-14　问题推荐

其中需要重点关注"为你推荐"和"擅长话题"，因为知乎算法会根据创作者曾创作的内容，以及在不同话题下获得的互动数据为判断依据给用户做出推荐，同时也代表该创作者在这个话题下具有一定的权重，创作的回答会具有一定的起始排名和流量。

3.2.3　找生活共性类问题互动

知乎有很多生活共性类话题（即普通人都会遇到或观察到的生活类问题），会周期性地被浏览，从而带来巨大的持续流量，创作者参与其中也能收获不小的流量加成，具体如下。

1. 生活技巧、生活用品营销类问题

生活技巧、生活用品营销类问题具有以下特征。

① 没有固定的周期。

② 具有超强的刚需性。

③ 会随着社会及科技发展，周期性注入新的回答。

此类问题时谈时新，不断有用户产生需求，有较稳定的流量，如做菜技巧、食品选取、家具选取等。就像问题"有哪些保质期特别长能当救济粮的食物？"在 2020 年被提出，2 年内断断续续地有流量注入，如图 3-15 所示。当社会上有满足相关条件的产品上市或爆火的时候就会有

新的回答加入，让问题重新获得流量。

图 3-15　问题热度截图

2. "生活共性"类问题

"生活共性"类问题，就是日常生活当中，大家一般都能够遇到的普遍性问题，如图 3-16 所示。用户可以根据自身生活经历发表见解，探究事件发生的原因和规律。

图 3-16　"生活共性"类问题示例

此类问题往往会被社会热点事件引爆，再次获得大量流量，重新进入用户视野。根据社会心理学的理论，对一些社会情况进行总结概括并试图解释是人的一种生活本能，而解释的方法可以是通过心理学、哲学来阐述，也可以用自然科学、数学方法进行分析，还可以通过生活经历讲述故事传达观点，具有易于传播、人人都能参与讨论的特点。

3. 生活经历、脑洞类问题

经历、脑洞类问题本质上是讲故事，更类似"命题作文"，问题方向海纳百川，几乎每个行业、每个领域的人都能参与进来，如图 3-17 所示。

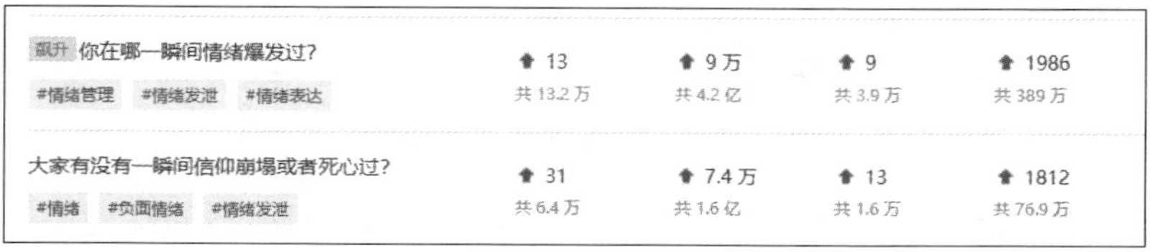

图 3-17　生活经历、脑洞类问题

用户可以通过此类问题，获得阅读快感、体验别人的人生。这种话题会长时间流通在知乎上，不断获得流量。

3.2.4 通过站内信息预估热点

如果你想挖掘更多有可能上热门、能够带来巨大流量的问题，可以通过知乎创作中心，【创作】栏目下的【近期热点】和【潜力问题】进行判断，如图 3-18 所示。

图 3-18　知乎创作中心

1. 通过近期热点突围

知乎官方的近期热点问题排名是根据关注、浏览、回答、赞同四个因素综合进行计算的，如图 3-19 所示。

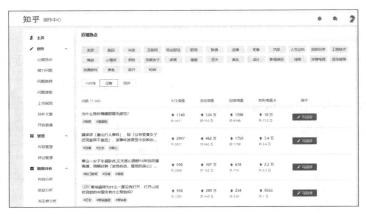

图 3-19　知乎热点页面

在选择知乎近期热点时，可以根据以下这几个方面进行分析。

① 选择自己权重高的问题领域，也就是需要将你既往回答问题所在的领域进行汇总和分析，首先选择你既往回答最多的领域，这个领域就

是你权重最高的领域。越在一个垂直领域持续回答问题，获得官方推荐的概率就会越大，你的账号在这个领域的权重也就越高。

② 选择"日榜"。日榜代表着时效性和当下平台用户的关注度。选择日榜上的问题进行回答，更有利于获得流量。

③ 选择浏览增量高和回答数及回答增量低的问题。这样的问题意味着用户的关注度高，但是竞争的答主比较少，我们回复的内容只要有一定的深度、广度，就容易被排在前列。在这里需要注意的是，如果问题下原有回答数量过多，也会导致新回答的曝光率下降。因此，为了争取更大曝光量，不要贸然选择回答数和回答增量都较大的问题，要避开与高权重答主正面竞争。

④ 问题名称下的话题标签、赞同增量作为参考因素。赞同增量高的问题，意味着关注人数较多，也可以率先进行布局，多多回答。

2. 通过潜力问题突围

潜力问题不同于热点问题，潜力问题的排名主要依据 24 小时内问题的浏览增量及回答增量排序，如图 3-20 所示。在进行创作时，选择潜力问题回答，更容易帮助新账号增加内容的曝光量，尽可能让自己的账号内容在问题下排名靠前。

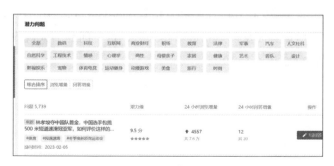

图 3-20　知乎平台潜力问题截图

我们在回答问题时，可以结合自身情况将站内的两个工具互相搭配使用，如需要曝光量的新账户就可以选择回复数量少但浏览量比较高的潜力问题进行回答，这样能让自己的回复内容积累更多浏览量。而账号标签清晰、权重较高的用户，则可以通过查看近期热点上点赞量高、关注度高的问题进行回答，这样能更好地增加账号的互动率和吸引更多粉丝。

3.2.5 利用站外流量指数倒推热点

除了搞清楚知乎站内创作中心的话题榜之外，利用站外的大数据平台倒推明后天甚至未来一段时间的热点并抢先布局也是不错的选择。百度指数、微信指数，都是我们预测知乎站内未来几天热点的工具。

到这里可能有些人会心生疑惑：互联网上不是没秘密吗？一件事在一个平台爆火了另一个平台怎么会没消息？其实，答案非常简单，百度指数、微信指数，都是通过大数据抓取全网近期发生的热点事件和热门关键词，而一件事情，从发生到被广泛曝光，再到问题被知乎网友提出、被回答、上知乎热点榜被广泛热议，中间需要一定的时间。所以相对于百度指数、微信指数而言，知乎平台的热点榜具有一定的延后性。因此，答主们可以通过百度指数、微信指数提前捕捉流量风向，提前布局热点问题并进行回答，从而抓住流量风口。

例如，知乎热点"蜜雪冰城 logo 出了新皮肤"的问题如图 3-21 所示，截至 2022 年 6 月 20 日，单日产生 200 多万的浏览量，210 个回答增量和 8600 多赞同增量。而从热点指数数据来看，这一问题的大规模热议源于前一天，即 2022 年 6 月 19 日。

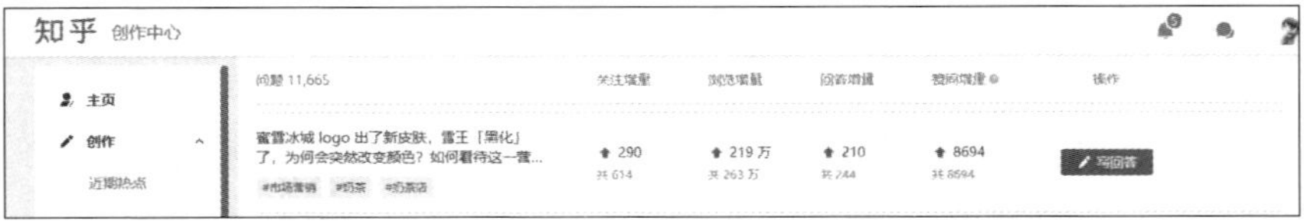

图 3-21 蜜雪冰城 logo 出了新皮肤问题在知乎榜的数据截图

通过关键词"蜜雪冰城"的百度指数及微信指数，如图 3-22 所示，不难看出该问题早在 6 月 19 日，就已经在网络上被广泛热议。

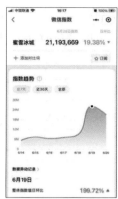

图 3-22　蜜雪冰城热点爆发节点截图

通过问题日志，如图 3-23 所示，可以确认该问题在 6 月 19 日就同时跟随网络上的热点一起被知乎网友提出，而大量获得流量、被知乎热榜收录是在 6 月 20 日，这之间存在 1 天的缓冲期。因此，我们在日后的创作当中，也可以通过百度指数和微信指数来分析热点，提前在热点问题下进行回答，提前做好布局，等待问题被推上热榜，从而获得流量。

图 3-23　蜜雪冰城相关问题日志

3.3　爆款内容创作的四个原则

刚刚在知乎开始创作的答主，总是苦于辛苦撰写的内容没人看。

在许多知乎答主看来，创作的内容能否获得较好的数据，全靠运气。运气好，内容就能够被更多人看见；运气不好，发布后就是无人问津。但是如果要想长期运营账号，全凭运气可不行。我们仔细阅读过超 100 位答主的高赞回答，总结出了高赞回答具有如下特征。

3.3.1 开篇：抓人眼球

俗话说得好，"题好一半文"，虽然在知乎创作回答内容没有标题一说，但是开篇的第一句话，仍然不容小觑。这不仅是吸引其他用户看下去的关键，还决定着回答内容的价值。那么，怎么才能做到开篇抓人眼球呢？

其实，针对不同的问题，开篇创作也不尽相同。

1. 针对询问操作方法、寻求干货的问题：回应时首先亮明身份

在知乎，很多用户都有着诸如"该怎么做新媒体""学校不留作业了，家长该怎么办"这些特别具体的、需要给出实际操作方法的问题。在回答这些问题时，首先要解决的就是信任问题。也就是要让用户一下子就知道"为什么我要看你的回答？你的回答为什么靠谱？"这就需要答主在开篇就点出自己在这方面比其他人更优秀、更资深的地方。最简单、最直接的就是表明自己的职业身份。如图 3-24 所示，七优在回复相关问题时就首先说明了自己是从业 10 多年的公立小学教师，同时也告诉用户我和你一样，也是小学生家长。

图 3-24　七优亮明身份式回复

用户看到她的回复后，就会本能觉得有 10 多年工作经验的教师说的话肯定对我有用，至少她是懂孩子的；而且她也是小学一年级学生家长，和我遇到的问题一模一样，她说的话、给出的干货，一定是自己实际应用过的。所以就更乐于去浏览她的回答，甚至点赞互动。

其实，亮明身份、增加信任，除了点明自己的职业身份之外，还可以点明自己的社会职务。比如你是钓鱼协会会长，就可以在回复钓鱼问题时先说自己是钓鱼协会会长，来彰显自己的专业度；同时，还可以说自己所做出来的有结果的事情，比如别人问怎么融资，而你恰好刚刚拿到了一笔融资，在回复时就可以说获得 ×× 万天使投资的创始人为您解答。总之，在解答干货类问题时，一定要将与问题相关的身份、成绩、社会职务先说出来，要让用户看到后就知道，这个人非常资深，经常接触这样的事情，有相关经历，做出过成绩，非常可信，从而对你的回答内容产生好奇，进而阅读完答案。

2. 针对特别着急、情绪类的问题：首先表达共情

如图 3-25 所示，对问题"工作 8 年，为什么还是一事无成？"，这位答主的回答，一句"你才 8 年，我工作 22 年，依然一事无成"，在表达共情的同时，也将用户从网络世界拉回现实，直截了当地告诉用户，他遇到的这个困境没什么大不了，它很普遍，咱们努力提升自己、解决问题就可以。

再如，在如图 3-26 所示的问题下，七优也同样是先表达共情，告诉提问者别着急，我也是这样。用户在看到之后，就会先冷静下来，进而仔细阅读回答，查找解决问题的方法。

到这里可能有些人会心生疑惑：如果我之前没有和题主一样的生活经历，那该怎么共情呢？其实答案也非常简单，一句简单的理解、我懂你、我明白，都能够起到安抚情绪、与之共情的作用。与此同时，也可以借用身边的人举例子，比如有人问孩子不爱上学怎么办？而你没有孩子，甚至都没成家，但是想回答这个问题，那就可以说"我小外甥也是这样的，之前……"用发生在亲朋好友身上的故事与之共情。

图 3-25 发表共情类回复截图

图 3-26 七优回答截图

要知道，很多用户提出这类问题时，本质上首先想得到的是情绪上的安抚，想知道有没有人也有和自己一样的遭遇，其次才是这个问题该怎么解决。因此，先共情、再详细剖析问题，才能起到引导他人阅读下去的作用。

3. 针对热点事件的问题：亮明自身态度和看法

要知道，热点事件本身就具备一定的讨论性，趣味也在于用户与用户之间的讨论和不同观点的碰撞。因此，在回复这类问题时，一定要首先说出自己的观点和看法，让用户清晰地知道，针对这件事情，你到底是赞成还是反对，进而吸引更多人与你讨论。

如图 3-27 所示，在这个问题下，这两位创作者不约而同地在回答的开篇，就表达了自己的观点，很显然，左边的答主持的态度是"不会着凉"，右边的答主所持的态度是"得塞进去"。这种观点的交锋，才是用户阅读这类回答时的乐趣所在。也只有鲜明的态度，才能够激发出用户与答主互动的欲望。

图 3-27　同一问题的不同态度

4. 针对生活类的问题：回答时也可以先抛出悬念

在知乎平台，有很多不是那么棘手的问题，也不寻求解决方法，而是单纯为了娱乐，每个人都能说上一两句的比较贴近生活的问题。针对这类比较轻松的问题，我们也可以在开篇就"抖个机灵"，利用悬念吸引用户阅读你的回答。

如图 3-28 所示，在"在大学，你见过最莫名其妙的规则是什么？"这个问题下，这位网友的回复就非常有悬念：有一个在进校后第一次升旗就哭了的男生，被嘲笑了四年。

这瞬间引发用户的无限遐想：这个男生经历了什么？为什么哭了？为什么会被嘲笑四年？一连串的问题促使用户把他的回答全部看完。

图 3-28　留悬念式回复

我们在回复这类问题时，也可以借用这位网友的方法，先说出一个出人意料的事情，然后告知事情的一部分原因，再留一部分悬念，供用户在答案中寻找答案。

3.3.2 首段：给出解析

有了一个好的开篇之后，接下来就进入首段这部分。这个时候答主与用户之间已经形成了感情链接，那么第一段的作用就是揭开真相。这个时候，最主要的就是给出客观、独到的分析。给出分析可以使用如下几种方法。

① 针对事件主体进行分析：这类首段的撰写方式一般常见于热点类问题当中。当抛出观点后，用户对事件主体并不熟悉，需要答主进行补充说明和分析才能更透彻地了解事件全貌。如图3-29所示，在抛出观点后，就对事件所在公司进行分析和补充说明。

② 针对实际情况进行分析：这样的首段撰写方式一般是针对相对具体的事件所做出的回应。这类问题，一般只会

图3-29 针对事件主体进行分析

在题目当中说具体的现象，但是用户在看完之后并不知道为什么会这样，因此，就需要答主在首段当中补充说明，将事件成因讲述清楚。如图3-30所示，这位答主在阐述完观点以后，就针对老一辈为什么喜欢吃饺子进行了分析。

③ 讲清基础概念：这类首段撰写方式，一般常见于知识类问题当中。这种类型的问题一般都含有罕见词汇或专业词汇，用户在题目中并不能很好地知道别人在问什么，也不太清楚这个问题对自己来说意味着什么。这就需要答主首先进行科普，告知用户这个问题在讲什么。如图3-31所示，

这位答主就首先讲述了"什么是勾腕"。

图 3-30 针对实际情况进行分析

图 3-31 首段讲清基础概念

3.3.3 正文：亮出干货

开头亮明身份、首段给出解析，只是吸引用户持续阅读答案的前提。如果正文没有干货，用户同样会选择关闭答案。如果内容足够硬核，那么就会刺激用户做出下一步的行为，即点赞、评论、关注。

通常情况下，用户在知乎创作内容的时候，在正文部分需要遵循四个原则：解决问题、扩大视野、接地气、略带趣味性。

解决问题：这一点很好理解，就是能够让用户在看完之后，知道我现在面临的情况该怎么去解决，第一步做什么？第二步做什么？不用额外思考，看完答案，直接照做就可以。当你的回答足够实用的时候，用户就会在实操时惊喜地发现原来这么好用，从而持续关注你的回答，甚至还会通过站内私信和评论的方式给你回馈，进而形成口碑效应。

扩大视野：这一点也非常好理解，就是在正文内容中，输出你这个领域当中，别人不知道的内容，让用户看完之后有一种"我学习到新知识了"的感觉，这种满满的交付感，也会促使你获得更多的追随者。

接地气：这就需要答主输出和用户生活相对贴近的事情，不要让用户觉得离你太远，否则就会让用户有一种距离感，从而判定你的内容不可借鉴，进而选择放弃阅读。那么，怎么才能让回答的内容更接地气呢？其实方法就是多用日常生活中普遍人群能够接触到的事件、现象、行为作为案例进行分析。

略带趣味性：枯燥乏味的大段干货，用户接受起来非常困难。但是，如果你可以将想要传达的知识点通过风趣的笔法、幽默的故事、好玩的图片传达出来，自然就会增添很多乐趣，让用户更容易接受。

当然，在很多时候我们大概率无法做到四条原则都符合，但这也没有关系，一开始只要保持回答的内容符合上述四条原则中至少两条就可以了，循序渐进，相信我们一定能写出备受用户喜爱的优质内容。

3.3.4 细节：赏心悦目

细节决定成败，在知乎回答的创作当中，这句话也同样适用。那么，在细节方面我们要注意什么呢？又该用怎样的方法，让自己的回答更赏心悦目呢？在一般情况下，做到以下几点就可以。

1. 通过插入图片调整阅读节奏

读者阅读长段文字的时候，会产生疲劳感，容易导致注意力涣散，为了应对这种情况，可以在合适的地方（如段落末尾）插入图片，或插入表现情绪的表情包，来暂时打断读者的阅读节奏，可以有效缓解纯文字带来的阅读压力。

例如，创作者"KnowYourself"就会在每个段落的中间或者末尾插入一些和内容相关性较低但观感柔和、信息量较少的图片来进行阅读节奏的调整，如图 3-32 所示。

图 3-32 创作者"KnowYourself"回答内容截图

2. 建立目录方便用户了解回答脉络

针对有些问题,我们必须长篇大论,才能阐述清楚问题的成因和解决方案时,那么可以在创作正文之前先给用户建立一个目录。这样既方便用户按需查阅,节省阅读的时间,又能够让整篇文章显得条理清晰,不再那么冗长,如图 3-33 所示。

图 3-33 在回答时创建目录

3. 用图片阐述复杂概念

这一方法在科学领域比较常用，如针对某个具体的、复杂又难懂的科学性问题，与长篇大论讲述晦涩难懂的理论和专业术语相比，用几张图让用户直观地获取知识，要更容易得到认可。如图 3-34 所示，答主李雷就用一张图，非常形象地讲述了压疮的易发部位。

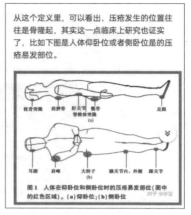

图 3-34　答主李雷回答中的图片

3.4　专业内容出圈的六个要素

在专业垂直领域里深耕，是知乎平台最鼓励的创作方式，但像天文、生物科学等专业领域的知识其实距离用户的生活比较遥远，想要在知乎平台爆火甚至出圈比较困难。

那么，专业类内容到底该如何创作才能在知乎出圈呢？这不仅要求答主具备扎实的专业知识，回答能够拓展用户的视野，还需要答主能够将专业领域知识活学活用，以解释生活里常见的现象，从而快速获得粉丝的关注。

3.4.1　选题紧贴大众

专业的科学知识想要被更多人接受，就需要让更多人看见知识对于生活的改变，比如可以解释生活里捉摸不透的现象、能够创造发明更多先进的事物使生活更方便。这就需要答主具备将专业知识活学活用的能力，多创作与大众生活息息相关的回答。

纵观专业领域答主，其回复形式一般可分为四种，如表 3-2 所示。

表 3-2 专业领域答主常见内容回复形式

问题类型	关于事件、现象		关于研究、理论	
阅读人群	默认有相关基础	默认无相关基础	默认有相关基础	默认无相关基础
回复形式	深度解答	基础科普	陈述研究发展	"是什么""有什么用"
答案特征	大量学科专有名词作为答案基础	专有名词较少，出现时会进行科普	垂直度较高，分析研究理论利弊与走向	垂直度较低，着重科普理论、研究发展历程

1. 关于事件、现象问题的回答案例

例如，在知乎问题"熬夜快感的本质是什么？"，知乎答主"耗子领袖"的回答，就是面向没有相关专业基础用户的，如图 3-35 所示。

图 3-35 "耗子领袖"的回答

这篇回答先解释了什么是"报复性熬夜"，涉及理论较为浅显，对于出现的专业名词都做了翻译和详细解释，整篇文章普通用户阅读起来较为轻松，能够让用户知道报复性熬夜的概念。

而同一个问题下，知乎创作者"OwlLite"的答案就是提供给有相关

基础的用户进行阅读的深度解答，如图 3-36 所示。

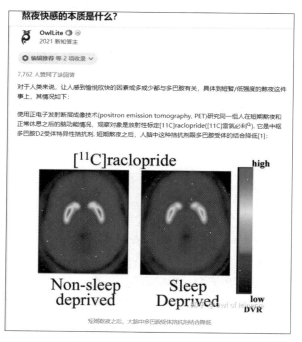

图 3- 36　"OwlLite"的回答

不仅文章开头就出现了诸如"发射断层成像技术""放射性标定"这样的专业词汇，还在正文里引用了大量的研究报告，虽然对没有专业基础的普通用户来讲，阅读他的答案会非常困难，但是稍微具备一些专业基础的读者就会觉得他的回答相当有深度。

2. 关于研究、理论问题的回答案例

在知乎常会出现对于前沿科学研究、理论新闻的提问，这类问题时常也会登上热榜，如图 3-37 所示。

问题"清华大学丁胜团队发表 Nature 研究，用药物成功诱导全能干细胞，成果意义有多大？是诺奖级别吗？"就曾出现在知乎热榜，且有很高的话题度。

图 3-37 知乎热榜

对于这类问题,绝大多数用户在生活中只是通过新闻了解相关话题,同时也对这类稀缺性较强的新闻存在好奇心,更倾向于了解"说的是什么?在生活中有什么用?"进而将这类新闻推向一个新的流量热点。那么关于这类问题该如何回答呢?

以知乎创作者"李雷"的答案为例,他将回答划分为四部分,如图3-38所示。

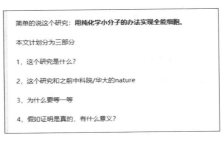

图 3-38 "李雷"的回答

开头先通过一个大纲来介绍文章组成:

① 这个研究是什么?

② 这个研究和之前的中科院 / 华大的 Nature(有什么异同点)?

③ 为什么要等一等?

④ 假如证明是真的,有什么意义?

文章结构中①、④两点是针对普通用户的科普，而②、③点是针对稍有相关专业基础用户的深度讲解，一篇文章分开描述可以满足不同用户群体的阅读需求。

生活化是专业知识内容的一个重要走向，通过专业知识的生活化科普可以跳出原本的圈子，获得更多的用户关注及更多的流量曝光。

答主在进行专业知识科普的时候，需要注意以下几点。

① 接地气：从生活中常见的问题谈起，多举例子。

② 借势：可以借助热门话题，论述相关专业知识起到的作用。

③ 务实：从基础谈起，避免相同投射效应。

④ 趣味：通过口语化的描述和插入趣味话题，能够勾起读者兴趣。

⑤ 真实性：事实需要有可靠出处，观点需要论据。

3.4.2　语言通俗易懂

专业类答主一般拥有非常深厚的专业知识，掌握着非常多的专业术语，但是这些术语对普通用户来讲晦涩难懂，因此，专业类答主在撰写回复时，要便于普通用户理解，将想要呈现的专业知识以既通俗又有趣的方式输出。这样，所输出的观点才能够被更多用户接受。

例如，知乎创作者"Chris Xia"在回答"为什么世界各地的'妈妈'这词的发音都很相似，而'爸爸'的发音却差别很大？"时，就首先通过大量的例子，证明了"其实世界各地对妈妈、爸爸这两个称呼的发音都很相似"，如图3-39所示，接下来再阐述专业的发音概念，用户就更容易理解。

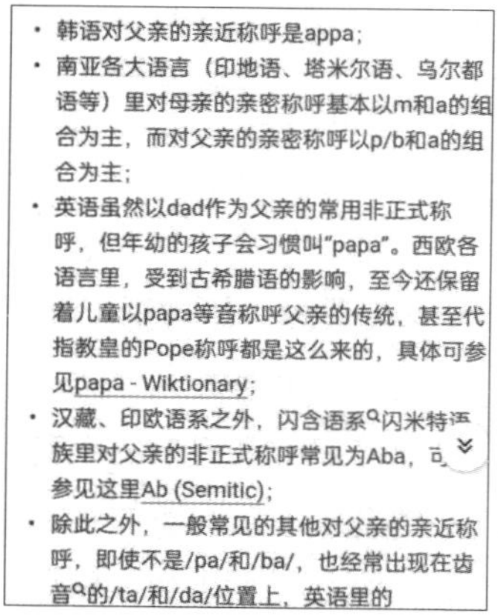

- 韩语对父亲的亲近称呼是appa；
- 南亚各大语言（印地语、塔米尔语、乌尔都语等）里对母亲的亲密称呼基本以m和a的组合为主，而对父亲的亲密称呼以p/b和a的组合为主；
- 英语虽然以dad作为父亲的常用非正式称呼，但年幼的孩子会习惯叫"papa"。西欧各语言里，受到古希腊语的影响，至今还保留着儿童以papa等音称呼父亲的传统，甚至代指教皇的Pope称呼都是这么来的，具体可参见papa - Wiktionary；
- 汉藏、印欧语系之外，闪含语系闪米特语族里对父亲的非正式称呼常见为Aba，参见这里Ab (Semitic)；
- 除此之外，一般常见的其他对父亲的亲近称呼，即使不是/pa/和/ba/，也经常出现在齿音º/ta/和/da/位置上，英语里的

图 3-39　"Chris Xia"的回答

若想真正做到"让专业知识通俗易懂",除了"用具体案例引导用户先拥有体验感,再来阐述专业想法"的方式之外,还有如下方法。

① **利用生活打比方**:和用户说一些专业名词,用户可能并没有那么强烈的感受,很多时候也无法理解。但是如果你用现实生活打比方,再来给他描述专业名词,那么就会易懂得多。比如你想告诉用户什么是"新冠",只说名词"新型冠状病毒感染"、化学代称"COVID-19",很多用户肯定听不懂,但是你说"患上以后比一般肺炎更让人喘不上气,而且传染性更强、对肺部破坏更严重的一种病"。相信大部分人瞬间就能明白新冠是什么,以及新冠对人体的影响,从而认真听你接下来所讲述的专业防护知识。

② **利用图片描述**:很多时候我们给用户讲解他从未接触过的领域时,哪怕说得再清晰,语言描述得再详尽,其实也很难让人有直观感受。在知乎,很多答主选择了直接贴上图片的方式,直接让网友了解说的到底是什么,如图 3-40 所示,答主李雷就用一张图,直观展示了什么是远程会诊。

③ **讲故事**:在知乎,很多答主也会借用故事来阐述自己的观点和专业知识。如图 3-41 所示,答主"大雪殿"就用自己真实的转行故事,回答"想入行新媒体该怎么做"的问题。远比"你必须做 1、2、3……"这样的陈述更容易被用户接纳。

图 3-40 李雷的回答

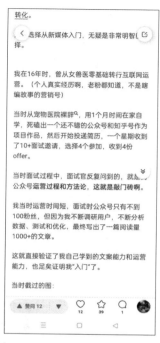

图 3-41 "大雪殿"的回答

3.4.3 内容以小见大

对于一些小众专业领域的答主来说，还会遇到一个难题，那就是"自己所在领域的问题较少"，这就需要通过在热点话题中互动，增加"圈外人"对于自己的了解。同时，也通过热点话题曝光，扩大内容传播范围，让更多人了解自己的领域。如图 3-42 所示，知乎答主"Mandelbrot"在问题"你有生之年肯定看不到的是什么？"下的回答便是如此。

乍一看，这个话题与天文无关，更像一个讨论日常生活的话题。但是这位答主以小见大，以生活话题切入，用自己的专业知识，强势输出了诸多天文现象、天文概念，让用户领略天文的神奇魅力，给用户打开了一片全新的天地，从而吸引了一批喜欢天文的人的关注。

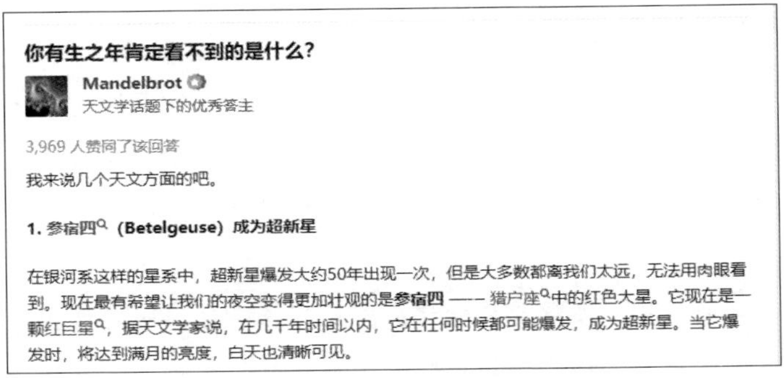

你有生之年肯定看不到的是什么？

Mandelbrot

天文学话题下的优秀答主

3,969 人赞同了该回答

我来说几个天文方面的吧。

1. 参宿四 (Betelgeuse) 成为超新星

在银河系这样的星系中，超新星爆发大约50年出现一次，但是大多数都离我们太远，无法用肉眼看到。现在最有希望让我们的夜空变得更加壮观的是**参宿四** —— 猎户座中的红色大星。它现在是一颗红巨星，据天文学家说，在几千年时间以内，它在任何时候都可能爆发，成为超新星。当它爆发时，将达到满月的亮度，白天也清晰可见。

图 3-42 “Mandelbrot”的回答

3.4.4 避免过多专业词汇

对一些专业领域的专有名词，就算是简单的词语，也要注意：只要是生活中不常见的，就要进行解释，以减轻读者的阅读压力。

如图 3-43 所示，知乎答主 TopView 在回答相关问题时，就对于医疗板块结构性下跌进行了通俗易懂的解释。

医疗基金怎么了，一直下...

写回答

知乎 · 33 个回答 >

其实医疗板块的调整从2020年7、8月份就开始了，大家前面没有感受到的原因是医疗一直经历的都是结构性下跌。

简单的解释是医疗在一个子版块一个子板块的下跌，轮番调整。先调整疫情医疗器械相关的，再跌原料药，现在跌到了CXO相关的。

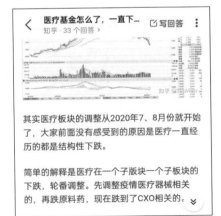

图 3-43 “TopView”的回答

3.4.5 风趣幽默的语言

长篇大论的专业知识难免让人觉得乏味，适当在回答中植入一些趣味性话语，不仅能够起到调剂的作用，也能让用户更乐于互动。例如，知乎答主“刘博洋”的回答中，关于“开普勒望远镜使用的掩食法”文案如下。

开普勒望远镜用的这个掩食法，就是守株待兔，同时检测大量的恒星光变曲线，什么时候哪个恒星被某个飘过的行星挡了一点光，ding！就被记下来——什么时候再挡一次，duang！就算出了这个行星的周期。

口语化表达增加了趣味性，在不曲解原意的情况下，相较于规范化的表达，能让圈外人更愿意阅读下去。

3.4.6 例证真实可考

作为专业类知乎答主，在科普的同时也肩负着传播真实信息、拓展用户视野的任务。因此，更要注重回答中案例、数据、图片等的真实性和可靠性。确保回答内容中所引用的事实和数据，都有可追溯的信息源头。同时，如果给出的观点论据有错误，被指正时需要大大方方地在文中改正。否则，一旦被举报，知乎官方将给予账号处罚。

如图 3-44，常爸在回复网友提问时，就提到了“登门槛效应”。这个概念在百度上也能找到。当用户在阅读完回答，觉得意犹未尽想要加深对这个概念的理解时，就会主动去搜索和阅读。这也提升了常爸回复内容的可靠性。

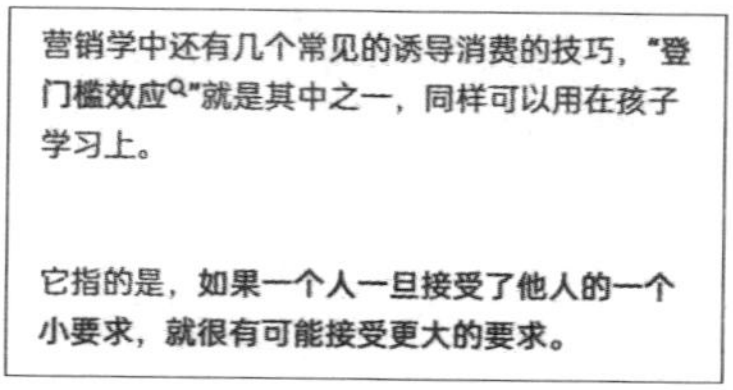
营销学中还有几个常见的诱导消费的技巧，“登门槛效应”就是其中之一，同样可以用在孩子学习上。

它指的是，如果一个人一旦接受了他人的一个小要求，就很有可能接受更大的要求。

图 3-44 常爸的回答

3.5 ▶ 商业内容突围的八个关键

很多企业和品牌想要在知乎扩大品牌效应,但不知道该如何撰写内容、该回答怎样的问题、该怎么吸引更多用户关注。事实上,创作一篇好的商业内容,并不是打开知乎直接进行创作,而是要先做好一系列的前期准备,然后再有节奏地进行内容创作。在一般情况下,可以归纳为以下几个步骤。

3.5.1 分析用户画像

对于企业账号而言,最重要的是明确自己的目标用户。只有将合适的内容推送给合适的人群,才能获得想要的收益,那么在创作之前做好用户画像就显得尤为重要了。

分析用户画像,可以从两方面入手。首先是了解知乎平台上都有哪些用户。根据知乎官方 2021 年公开的内部数据,如图 3-45 所示,知乎平台用户占比较大的年龄层在 18~30 岁,以一、二线城市为主,男女比例几乎是 1∶1。这也就意味着,知乎平台更适合想要吸引年轻消费群体的品牌入驻。

图 3-45 知乎用户画像

有了明确的用户画像,我们还可以深入挖掘这一群体的刚性需求和潜在需求。那么这群年轻消费群体的需求在哪?消费行为又是怎样的?根据 DT 财经联合第一财经商业数据中心(CBNData)发起的 "2021

年轻人消费行为大调查",如图3-46所示,可知年轻群体在消费时更偏重能满足自己的生活需要、性价比高的产品,消费行为越来越趋于理性化。在复购和决策上又更倾向于省力。

图3-46 2021年轻人消费行为大调查

因此,传统品牌的"饱和式大面积推送+线下渠道地毯式推进"、靠视觉冲击力和产品功效详解引导付费的模式已经无法打动他们,反而像知乎这种"利用内容(图文、短视频、直播)建立信任+电商转化"的方式,可以给足年轻群体思考、比对空间,同时又减轻他们决策成本的营销模式,更加能吸引他们。

有了清晰的用户画像和用户消费行为画像,接下来要做的就是选品。很多人不确定要在知乎平台上推什么产品/服务,在这里笔者为大家进行了总结,一般情况下知乎平台上的爆款商品都具备如下特征。

具有明确功效的产品: 功效呼应用户需求,是相对较强的转化元素,是刺激用户下单的主要原因。

具备独特卖点的产品: 产品具有丰富的转化元素,能够通过图文、视频、成分解析等方式让内容更吸引眼球。

站内有口碑的产品: 产品如果在知乎站内有大量的负面信息,会影响用户的转化,阻碍正向声音的传播,降低成交概率。

一般而言,想借助知乎进行推广的产品至少要符合上述三类产品特征中的一种,才能在知乎平台大卖。如果不具备,那就要调整产品的卖点、运营话术或运营策略。

另据"2021年轻人消费行为大调查"可知，年轻消费群体在购买商品时，并不看重品牌成立时间，反而会不断尝试新品牌。这就给足了新品牌成长空间，如图3-47所示。

同样，根据上述数据来源可知，年轻群体在购买商品时会更加偏重查看攻略。如图3-48所示，这些品类的品牌更适合持续在知乎输出硬核干货内容。

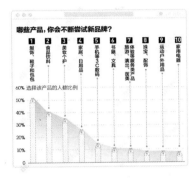

图3-47 年轻人消费行为调查

图3-48 年轻人消费行为调查

3.5.2 选题强需求绑定

作为一篇商业内容，选题是重中之重。一个好的切入点，不仅能够瞬间博得用户对品牌的好感，还能激发用户的付费意愿。那么问题来了，我们该如何在选择问题时就刺激用户的需求，让他们在对品牌产生好感的第一时间就进行付费呢？答案也非常简单，那就是强需求绑定。

针对于此，笔者总结了一个通用的选题列表，供大家在日后的实操中参考使用，如表3-3所示。

表3-3 选题列表

选题角度	基于品类需求的讨论	基于具体痛点场景的问题讨论	基于具体产品的困惑讨论	好奇宝宝式生活问题讨论

续表

选题特征	提到具体产品类型或含有产品的描述词	提问者需要解决当下切实面临的问题	对某类产品的功效或原理有怀疑/兴趣	针对生活问题进行讨论
具体案例	什么面膜好用到飞起？有哪些好喝又便宜的白酒？	长得丑的男生怎样全方位地变帅？如何让皮肤又白又嫩？	脱毛仪是不是智商税？漱口水到底有什么用？3D打印笔适合孩子用吗？	皮肤好是一种什么体验？有哪些你觉得是常识，但大部分人都不知道的事情？
商业场景	新品推荐，主推品推广	强化产品的特色，指明产品能够解决什么问题	针对产品功效答疑解惑	软性植入产品广告，强化口碑
内容输出重点	写出真实的使用感受	侧重于给出具体的技巧、方法，切实解决问题	观点表达要引用数据、案例、实验，客观分析	满足用户好奇心，软性植入产品广告

看完上方的选题列表，相信各位商业答主已经对于"如何选择问题角度切入，在快速建立用户信任的同时宣传自家产品"有了思路。不过商业内容的创作，不仅仅局限于在平台上找上方四类问题进行回答，我们也可以通过平台上的文章撰写功能、想法功能，自主创作内容供用户观看和了解，还可以邀请真实的客户在平台上发起话题讨论，与平台用户多多交流，营造真实的产品口碑效果。

3.5.3 开篇即给惊喜

了解了平台用户，知道了如何选题切入，那么硬核内容具体该如何撰写呢？首先要做的就是创建一个能够让用户一看就想阅读下去的开篇。

这就相当于线下店的门脸一样，能吸引顾客进门。

在撰写开篇时，我们也可以从这五种角度切入，进行思考。

利益引导： 在内容撰写当中，利益引导分为两种，一种是通过福利、活动、折扣吸引用户进行了解，如"真的受不了！我一定要诉你，之前598元才能拿到5片的面膜，现在在××家98元就能拿到，而且正品保障"；另一种是通过满足用户的某种切实利益，引导用户持续阅读，如"10年大烂脸终于被治好，就在×××直播间"。

强势背书： 如果觉得用利益引导用户进行阅读有些功利，那么也可以选择亮出自己的优势为产品背书。在这里需要注意的是，背书分为不同方面，可以是基于自己企业的高光时刻，如所获得的荣誉、哪个科学家带头研发、成功帮助×××用户解决××问题；也可以是基于他人的好评，如明星××亲测、×××鉴定效果保真、××亲自体验效果明显、长期霸榜……

在这里还是列一个开篇案例供大家参考：谢邀，我们××经过10年努力，已经累积帮助5000+家庭解决孩子厌学、一学习就哭等问题，前阵子还得到了教育部的肯定，对这个问题，有点发言权……

观点吸引： 这一点非常好理解，那就是通过在内容的开篇亮出独到、鲜明的观点，来吸引用户阅读商业内容，甚至让用户主动讨论，如"××强烈反对您的观点，皮肤是什么属性都不知道就贸然涂磨砂膏就是作死！另外，皮肤油腻还要涂面霜，简直就是要把脸搞烂。正确的做法是……"作为企业，在某方面跟用户相比要更加权威，这个时候也不妨亮出自己鲜明的态度，如大家都认为小时候蹦得多了，长大后个子会比较高，针对这种情况，某企业如果经过研究，确实证明了这件事不靠谱，那就不妨在知乎进行科普，可以让用户更加信服。千万不要因为企业的认知与用户的认知不一致，害怕误解、讨论的声音多，而放弃发声。

痛点吸引： 在内容的开篇就将在生活里切实发生的具体问题描述出来，这样用户看到之后就会瞬间感同身受，从而将内容完整看完。如"每天坚持早起真的很困难,尤其是前一夜加班到很晚、腰酸背痛,第二天只有一个念头就是好好补一觉,谁也别烦我。但是,生活的确压力山大,所以只好拖着昏沉的脑袋和无力的四肢出门,整个人丧极了……"

效果吸引: 顾名思义,就是将产品使用前后的效果,直观地进行展示。如"说来你可能不信,自从用了它,脸上再也没爆皮,更重要的是,我发现皮肤比之前更透亮、更白皙……"

3.5.4 植入产品价值

创作好开篇、吸引用户持续阅读只是第一步,接下来要做的就是在给足用户获得感的同时,在文章内容之中软性植入产品价值。一般情况下,商家答主可以通过以下四种手段进行植入。

原理佐证: 众所周知,用户对于"王婆卖瓜自卖自夸"的行为已经见怪不怪,在某些情况下甚至会充满怀疑。因此,作为商家,一定要拿出切实的科学例证,证实自己的产品是有效的。如图 3-49 所示,可以直接拆解产品的成分,用成分佐证产品功效。

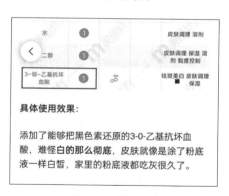

图 3-49 拆解成分

除了拆解产品成分进行佐证之外,商家也可以把产品的研发基底、研发逻辑,拿出来作为产品价值的佐证。如之前爆火的少儿在线教育培训当中,就有不少语言类培训机构,依托布罗卡氏区的概念强调了孩子要趁早学习语言的重要性,同时也强调了自家产品的价值,如图3-50所示。

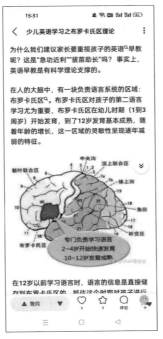

图 3-50　强调产品价值

客户实证:要知道产品口碑就是产品天然的名片,在突出产品价值的时候也可以直接用客户的好评、正面反馈来佐证自己产品的价值。如图3-51所示,答主七优就用家长的真实反馈证明了自己教育方法的有效性。

竞品对比:在很多时候即使商家已经非常让利,将产品功效宣传得非常好了,客户也没有办法感同身受,因为这里存在一个信息差的问题。作为商家我们知道这个产品的原材料有多么贵、多么好,研发人员有多么权威,市场上同类的产品都卖什么价格,但是用户对这一切一无所知。这个时候,商家要做的就是找出竞品,拿市面上同类产品的共性与自己的产品做对比,让用户一看就知道"这个商家的东西确实性价比很高,我要买"，这样，产品价值自然而然就被凸显出来了。如图 3-52 所示，放心选独孤评测就对比了市面上不同的洗衣液价格，再配合成分对比，深入浅出地将不同洗衣液的优势进行了展示，让用户一目了然地知道该怎么选择洗衣液。

图 3-51　用户真实反馈

图 3-52　对比评测

事实上，这样的竞品对比不仅仅局限于价格这一维度。如图 3-53 所示，答主"老爸评测"就通过实验亲测了不同品牌洗面奶的 pH 酸碱度，从而为大家筛选出了什么皮肤适合用什么样的洗面奶。

虚拟体验： 很多时候仅仅通过文字、图片进行宣传，尤其是像汽车、手机这类产品，用户不体验根本感受不到产品特点。那么作为商家，不妨在回答中多多植入视频，给用户更直观的视觉冲击，能有效提升用户的付费概率。如图 3-54 所示，华为就利用发布视频的方式让用户在视觉上抢先体验了华为产品的功能。

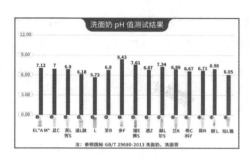

图 3-53 老爸评测

图 3-54 华为发布的视频

3.5.5 给出解决方案

无论在什么时候，"通过内容提供价值、帮助用户解决问题"永远是第一位的。也只有让用户在感受到答主的回复对自己有用、干货满满时，才会对品牌产生好感，进而形成付费。那么，该如何让用户觉得收获满满呢？答案非常简单，那就是在输出的内容当中，切实给到用户他所面临问题的解决方案。

一般情况下，可以分为如下两个步骤。

① 基于用户目前面临的问题给出科学性解释、分析。

② 根据用户的具体问题，给出有针对性的行动指南。

如图 3-55 所示，企业答主"经验超市考研"，在回复考研报班问题时，就首先针对用户目前所面临的问题进行了详细解析；并指出有些人是基于"不报班肯定考不过"的心理来报辅导班的，打消了用户"觉得花钱就能考过"的错误期待。与此同时，也分析了考研的意义和价值。

基于用户的现状给出分析后，接下来要做的就是给出行动指南，要让用户在看到回答之后照做就能够达成自己的期待值。所以各位商业答主可以将解决问题的步骤进行拆解，按照 1、2、3、4 这样罗列清晰，并把每个步骤的具体操作细节也阐述清楚，这样，用户在阅读完答案之后，能有满满的获得感。如图 3-56 所示，还是以商业答主"经验超市考研"的回答为例，在分析完用户的信息之后，马上拆解了报班的步骤，并针对每一个细节步骤，给出了详细的讲解，介绍了基础好的同学怎么报班、基础弱的怎么报班。

图 3-55　"经验超市考研"的回答 1　　图 3-56　"经验超市考研"的回答 2

3.5.6 提前消除顾虑

用户如果能完整阅读完答案的主要内容，基本已经对答主的观点、产品价值、针对其问题的讲解分析、给出的解决方案有了比较清晰的了解。同时，也会对答主的品牌产生一定好感度。这个时候，一定要趁热打铁，把用户可能存在的疑虑提前说出来，并给予解释，这样用户就会自然而然地点击内容中所植入的付费链接进行选购。在一般情况下，用户会在以下几个方面存在顾虑。

公司 / 产品资质：为避免用户对公司或产品的资质产生顾虑，答主可以在回复内容当中植入企业的照片（如办公场景、厂房、年会照片）、营业执照副本、相关专业资质、所获荣誉等来佐证公司的规模、真实性及资金实力。

价格：在价格顾虑方面，可以从两方面着手处理，一是直接利用增值服务/附加产品礼包，给足用户实惠感，从而对冲掉价格顾虑；二是利用限时折扣、限时福利等，形成饥饿效应，刺激用户直接付费。

效果：为避免用户对产品效果产生怀疑，答主也可以在内容当中植入一些既往真实客户的好评与反馈，以告知用户，产品/服务效果有保障。还可以多植入真实用户使用前后的对比照片，这样也能起到佐证效果的作用。当然了，如果产品效果被权威第三方机构/有较大影响力的人鉴定并认可，也可以亮出相关证书和证明。

具体操作的顾虑：很多时候答主是基于自己对用户问题的理解而进行的内容输出，并不能覆盖用户所思考的所有方面，这就需要商家答主在回复用户问题的时候，尽可能把用户可能遇到的问题提前列出并给出答案。

3.5.7 形成营销闭环

到了这一步，用户离付费就只差临门一脚，只需要我们在内容当中植入商品插件，进行转化引导就可以。但是要注意：商品插件也不是随便插入的，这其中也需要一些技巧。

特别要注意：不要过早插入，暴露营销目的。

要知道，用户从认识产品到熟悉产品再到付费成交，这期间有一个建立信任、消除顾虑的过程。在回答/文章中没说几句话就直接插入商品插件，这不仅会影响用户阅读、理解回答信息，还会给用户一种"功利心过强、只想收费"的感觉，从而对产品和品牌产生反感。

正确做法是给用户一个阅读的过程，在解决方案中，如果提到产品，可以顺势植入商品插件。这样，用户会觉得"这个产品是我解决问题的工具"，从而自然而然地付费。

到这里可能有些商业答主还是对如何插入商品插件有一些困惑，下面笔者就用三个案例来进行拆解。如图 3-57 所示，这种输出干货、推广产品的内容，就需要在提供解决方案的时候带出商品链接插件。

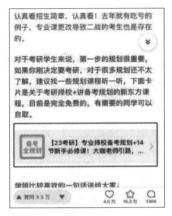

图 3-57　插件案例

当然，也有一些例外，比如直接问解决方案的问题"皮肤怎么保养的""怎么能快速赚钱"，也可以在内容的前部和中部就插入商品插件，如图 3-58 所示。

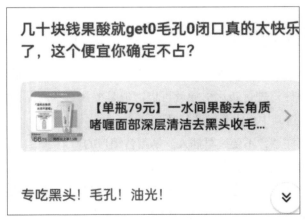

图 3-58　直接插入商品插件

3.5.8 细节优化

在回答问题时，答主也要注意一些内容中的小细节。可千万别小瞧这些细节，正是这些细节，决定了账号内容的阅读数据和成交数据。在此，笔者也总结了关于细节的两大核心关键点，供各位答主在撰写内容时参考，持续优化自己的内容。

1. 真实性的营造

这里所说的真实性的营造，并不是说要写真实的客户案例，而是指"强化所展示案例本身的真实性"。很多商业答主可能积累了很多案例，但是受文字功底的影响，很多时候用文字呈现出来之后，就会让用户觉得很假。这个时候，商业答主要通过细节描写和图片的使用来强调案例的真实性。

先来说说细节描写的使用。对于实物产品，不能机械化地描述产品功能或特征，可以通过"五感"描述产品，即看、听、尝、闻、感，传递使用感受。描写要细致，细节越丰富，越容易被用户信任。

比如，介绍冰激凌涂抹面膜的文案，就可以这样写：

继续说正事，就是这种冰激凌质地，超级水润，很好推开，丝滑到像坐滑梯！

颜色白白的，像那种比较浓稠的老酸奶，敷在脸上冰冰凉凉、软软糯糯。

肤感细腻又滋润，上脸十分钟，肌肤都不会拔干刺痛，洗完脸后清清爽爽，肌肤非常水嫩。

还有一股高级的天然植物香。

怎么样？阅读完这段文字，是不是在脑海里有了一种抢先体验的感觉？就像亲自试用过一样？其实，这种五感描述法可以应用于各行各业，只要熟练应用，就能够起到增加内容真实感的作用。

2. 插入图片

再来说说图片的插入技巧，在这里笔者总结了不同情况下可插入的图片类型,供各位答主在日后的内容创作当中进行参考,如表3-4所示。

表3-4 插入图片技巧

使用场景	图片作用	可插入的图片类型
解释说明一件事情	增加文章可信度。靠文字很难直观表达的内容,图片可以进行辅助说明	数据图、趋势图
调节文章节奏	减轻阅读压力,打破视觉单一性,通过配图减少密集文字的压迫感	根据上下文插入适合的氛围图或表情包
渲染情绪	在文章情绪高潮点使用合适的配图,搭配文案,将情绪放大	表情包
促进销售	增强信任,证明销量,说服读者	支付截图、销售战报、客户好评图、背书图(活动、人物)
强调职业背景	证明案例人设或事件的真实性	工作证明相关图片
讲述产品优势	用以佐证产品品质、说明产品功效	产品实拍图、产品局部特写图、产品使用前后对比图
讲述产品研发背景	用以说明产品效果是如何产生的	产品原理图、产品概念图

3.6 影响内容曝光的 6 个细节

如果想让回答在知乎平台快速获得更大的曝光度,除了创作好内容之外,有一些细节也不容小觑,比如创作等级、权益的开放,以及数据分析、盐选功能等。这些看似没什么用的小功能也在悄悄影响着账号的权重,左右着内容曝光度。如果利用好这些小功能,甚至能开辟几个全新的流量入口。

3.6.1 创作等级

知乎创作等级一共有 10 级，创作等级和创作权益直接挂钩。创作等级由内容优质分、创作影响力、关注者亲密度、社区成就分、创作活跃度这 5 个维度分值总和构成，分值总和达到一定程度就能进入下一个等级，如图 3-59 所示。

图 3-59　知乎创作等级

这些维度的创作分是根据答主在社区所有的创作行为，包括回答、文章、视频、想法、提问等，结合创作内容的质量、影响力及关注者的互动情况综合计算出来的。通常每天下午 5 点更新分值变动，随着创作分更新，创作等级也会随之调整。

创作等级越高，证明账号内容吸引力越强，伴随着互动的增多，在话题下的权重也就越来越高。与此同时，创作等级升级之后还能解锁不同的创作权益，这为日后的内容创作也提供了不少便利。

3.6.2 数据分析

当账号创作等级达到 3 级之后，会解锁数据分析功能。通过数据分析功能，答主可以查看以日为单位更新的数据总览，包括流量数据（文章、回答阅读量和视频播放量）和互动数据（赞同、喜欢、评论、收藏、分享、转发、鼓掌），如图3-60所示。答主可以根据这些数据清晰地判断"我的哪一条回答更受欢迎？""我用什么方式创作的内容更有吸引力""我更擅长回答什么样的问题"，从而有的放矢地调整自己的内容创作。

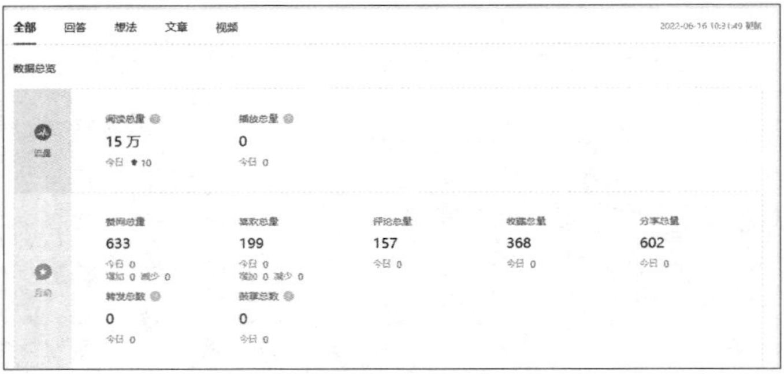

图 3-60　数据分析功能

除了上述数据之外，答主还可以通过高级数据分析获取更多关于账户粉丝画像的分析，如图3-61所示。答主可以根据自身账号粉丝的年龄层、性别、地域等匹配不同的内容，从而调整账号的粉丝画像，吸引自己真正想要吸引的人群。

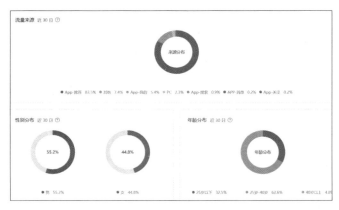

图 3-61　高级数据分析功能

3.6.3 盐选作者平台

盐选作者平台可谓知乎答主的又一全新流量入口,它是集创作、发布、投稿于一体的内容创作平台,如图 3-62 所示。答主可以在内容创作结束后申请投稿至盐选专栏,审核通过后,就能成为盐选作者。进入盐选专栏的文章会被系统自动推荐到问题下方,而这些内容需要用户付费才能阅读。创作者不仅可以获得大批流量曝光,还可以获得 50% 的付费收益。

图 3-62 知乎盐选作者平台

3.6.4 个人中心

在个人中心,如图 3-63 所示,创作设置选项下能够设置一些基础的创作信息,类似转载、评论权限等。

"瓦力保镖"是知乎的人工智能程序,通过分析内容来保障创作者的权益,例如,回答或者评论被识别为不友善或者答非所问时就会被折叠,如图 3-64 所示,在瓦力保镖项目下可以看到被封禁的评论及被折叠的回答详情。

图 3-63　知乎个人中心　　　图 3-64　知乎被瓦力保镖折叠的回答

3.6.5　账号权重

账号权重是一个很重要的项目,指账号在不同话题下的权重分。权重分体现了其他用户在相关领域下对于账号能力的认可程度。知乎的回答并非单纯按照赞同数量高低排序,权重分越高的回答,其初始排序就越高。

例如,知乎创作者"简单心理"的权重分如图 3-65 所示,能看到其在心理学相关的垂直领域权重很高,达到了满分 10 分,那么就代表其在相关话题下发表的答案就算没有点赞也会优先展现在用户面前。那权重分是如何计算的呢?

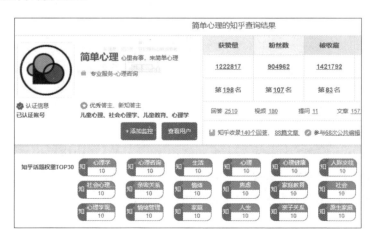

图 3-65　5118 网站提供的知乎权重分数

知乎在计算权重分时会以"用户在某个话题下发布的回答和文章"为核心,根据以下指标数据综合判断得出。

① 发布的内容数量(回答+文章)。

② 获得的赞同、喜欢和收藏数。

③ 获得编辑推荐和专业勋章的次数。

④ 获得的专业徽章数。

⑤ 反对票和没有帮助数量。

通过上述指标,知乎官方会计算账号的权重并实时地更新,但是现在知乎并没有直接公布账号在某个领域的具体权重分,只能通过站外工具了解。

3.6.6 进行创作者认证

知乎的创作者认证包括话题优秀答主和新知答主两个部分,认证后账号即可获得相应的成就标签,同时在账号个人首页展示,这相当于无形之中利用知乎平台为自己的回答内容背书。有了认证,更有助于陌生用户建立对答主的信任,更乐于完整阅读答主创作的内容。

优秀答主认证方法如下。

为了让用户更高效地识别各领域的专业用户,知乎会赋予账号"优秀答主"标识,获取标识所需要的条件如下。

① 在特定话题下创作了大量的专业内容。

② 账号在特定话题下活跃度较高、用户认可程度较高(点赞、收藏、喜欢)。

③ 特定话题下的权重达到特定数值。

④ 符合专业、认真、友善的社区精神,没有出现过严重违反知乎社区规定的情况。

在满足了以上条件后,账号就可能获得"优秀答主"认证,"优秀答主"个人主页及账号名称右侧会带上橙色的标识,如图3-66所示。

优秀答主不支持申请或者自推，只能由系统计算而来，"优秀答主"并不是永久的，如果账号在某段时间内的运营情况不佳，"优秀答主"的认证就可能会被知乎收回。

粉丝数量和优秀答主没有必然联系，所以很多高关注用户并不是优秀答主，知乎会定期公布新产生的优秀答主信息，如图 3-67 所示。

图 3-66　"优秀答主"账号标识　　图 3-67　知乎公布新一期优秀答主

新知答主认证方法如下。

知乎每年都会公布一次"新知答主"名单，获得"新知答主"认证的用户的账号主页会出现和"优秀答主"一样的橙色标识。同时，账号的个人主页还会增加"年份＋新知答主"的标识，如图 3-68 所示。

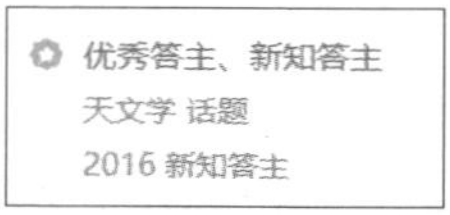

图 3-68　知乎"新知答主"标识

想要获得新知答主的认证,需要具备以下几个条件。

① 年内账号活跃度较高,回答数据较好。

② 在某个领域已经成为优秀答主。

③ 在相关领域下有较高的创作力及影响力。

④ 符合专业、认真、友善的社区精神,没有出现过严重违反知乎社区规定的情况。

满足条件的账号,在经过系统和人工的双重评选后,就可能成为"新知答主"。比起"优秀答主","新知答主"身份更具有现实和象征意义,代表此账号在上一个年度内容具有较高的流量,受到更多用户的认同。

3.7 知乎创作不可不知的雷区与细节

每一位答主都不希望自己辛苦运营的账号因为无意中发布了一些违规内容而被封禁或限制,这就需要答主对平台的"雷区"谨记在心。多多了解平台规则,少踩坑、少走弯路。事实上,在平台规则方面,知乎官方已经将详细的规范进行了公示,即知乎指南,如图3-69所示。

图3-69 知乎指南

"知乎指南"详细描述了绝大多数的违规情况。到这里可能有些人会产生疑惑:那么多的内容看不完怎么办?那么接下来,笔者就先将在内容创作中经常会遇到的问题进行详细阐述。

3.7.1 垃圾广告判定红线

知乎会通过主动清查和用户举报的方式处理垃圾广告，根据发布次数和发布垃圾广告信息严重程度采取禁言1天、7天、15天或永久禁言处罚，经过刻意处理的内容能够逃避系统检查，但是知乎用户普遍讨厌营销号，如果遭到举报大概率会被封禁。

会被判定违规的情况主要可分为如下几种。

① 特殊处理后的二维码可以绕过知乎的系统检测，但是在人工举报下必定被封禁。

② 使用特殊符号、图片等变体形式进行导流，如"加♡微♡信""+这个巍""微＾信`公`众`号"。

③ 隐藏的高风险领域导流推广，高风险领域包括医疗、情感咨询、股票推荐，以及网赚兼职、商品代购等灰色产业，例如，在股票、金融领域回答末尾加入"加我VX，金牌导师，与你一同战胜股市！"这类内容被举报后必定被封禁。

3.7.2 避开时政敏感内容

知乎对于时政敏感内容的审查极其严格，无论是内容还是图片，稍微沾一点边或略带一些倾向都会被封禁。这一点，在内容创作中一定要重视起来。

3.7.3 切忌滥用产品功能

为了防止答主进行恶性竞争，防止营销号恶意"灌水"，知乎官方对于账号的监测也非常严格，会在答主们难以注意到的地方以"滥用产品功能"的理由进行封禁，包括如下行为。

① 不要使用同一手机、电脑运营多个账号，多个账号频繁在一台设备登录登出时，系统会检测到账户IP地址相同，会怀疑是机器操作，如

果存在相同 IP 下有几个账户频繁给某个回答 / 文章点赞的情况，会对 IP 地址下所有账号进行封禁。

② 利益诱导骗取赞同或收藏。在其他网站可以通过话术来诱导点赞，如"点赞收藏过×××就更下期视频"，但是知乎对于如"点赞超过×××就更新""未完待续，点赞过×××就爆照"等类型的话术会进行处理。

③ 回答类似问题时可以使用"转载"功能，使用官方链接转载自己原来的答案，而不要直接照搬原来答案，否则会被删除。

④ 找朋友互赞是可以的，但是互赞数量不要太多，尽量浏览完文章后再进行点赞。

3.7.4　误判违规后如何处理

账号被封禁后，需要立即查看被封禁期限和被封禁原因，并根据官方给出的提示及时对账号所发布的内容进行调整、优化。需要删除的内容坚决删除，需要优化的就调整优化。

如果是 7~15 天封禁，那么可以等待时间到达后自动解除。但是有以下几点需要格外注意。

① 如果一个账号因内容违规而被禁言过，再次发布的内容被删除时，禁言天数将视情节严重程度而可能增加。

② 如果一个账号三个月内因内容违规被禁言两次，再次有违规内容被举报处理时，账号会被停用或永久禁言。

③ 如果一个账号在六个月前发布 / 修改的内容被举报和处理后，内容会被直接删除，但账号不会被处罚。

当然，如果没有违规行为但被处罚，也可以在如图 3-70 所示的入口，填写申诉信息进行申诉。

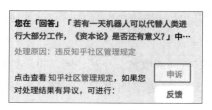

图 3-70　申诉功能

3.7.5　遭到诽谤、恶意造谣怎么办？

当答主在知乎创作到一定阶段，积攒了一定数量的粉丝之后，自然会在平台内看到这样或者那样不同的声音。为了净化平台内容生态环境，知乎在每一个问题及回答旁边都设置了举报按钮。

如果用户认为问题对自己产生了冒犯，或者回复内容对自己构成了诽谤，就可以快速找到举报按钮进行举报，等待知乎官方处理，如图 3-71、图 3-72 所示。

图 3-71　举报按钮

图 3-72　举报问题

第 4 章 实战：素人如何掘金知乎？

知乎

无粉丝、无经验、无 MCN 背书的"三无"素人如何在知乎从 0 到 1 掘金成功？那些短短 10 个月左右就能揽获百万粉丝的答主们又是如何做到的？本章就来详细介绍素人号是如何从 0 到 1 起号、揽获粉丝、最终变现的，教你快速突出重围，从素人成长为达人，在知乎上成功掘金。

4.1 素人在知乎如何起号？

素人，就是没有粉丝基础、没有背景、没有大平台进行背书、既往也没做出过什么成绩，甚至连自己专长都找不出来的普通人。那么面对这样的一个人，到底怎样做才能让其突出重围，在知乎也分得一杯羹、获得第一桶金呢？

其实答案非常简单，那就是打造一个极具辨识度的身份。有了这个身份，就相当于拥有了一张谁也抢不走的名片。在容易让人记住的同时，也能收获不少忠实追随者。

4.1.1 通过擅长领域切入

要知道每个账号都有一个"让人一看就知道它主要讲述什么"的核心赛道,创建一个账号之后就要围绕这个赛道持续输出对应的内容。这就需要答主不仅在核心赛道具备丰富的知识,还要具备超强的、可持续的内容输出能力,从而吸引更多用户对其产生兴趣。

那么擅长领域该如何界定呢?一般分为以下三个维度。

① 知识,包括经验知识和理论知识。例如,懂历史、懂化学、懂商业运作,这些都算在专业领域具备知识面;再比如有抚养孩子的经历、经常参与极限运动、喜欢旅游,这些生活上的经验,也属于你积累的知识面,也可以持续输出这方面的内容。

② 技能,如会编程、写作、演讲、维修机械、做美食、插花……这些手艺和技能,也是你的擅长领域,也可以作为账号的核心赛道持续输出。

③ 能力,比如思考力足够强、幽默、讲故事能力强,甚至查资料的能力非常强,都算作你的擅长领域,在创作时也可以以这些为切入点与热点话题相结合,展示你与众不同的一面,从而吸引更多人的关注。

分析自身擅长领域时,可以思考以下两个问题。

① 在过往的经历中花费最多的时间和代价去学习过什么知识和技能?

② 拥有的哪种能力能够创造价值,无论是经济价值还是情绪价值?

通过以上两个问题,基本可以确定自己的擅长领域,然后再根据自身的能力判断能够吸引到的目标人群,决定账号的主赛道。

例如,知乎答主"狐狸先生",如图 4-1、图 4-2 所示。作为中国科学院国家天文台星云计划研究员,一定在天文方面拥有较强的专业知识输出能力,因此其账号的主赛道就是"天文、物理",其创作的回答内容也是围绕这两个主赛道而展开。

第 4 章 知乎 实战：素人如何掘金知乎？

图 4-1 答主"狐狸先生"知乎主页

图 4-2 答主"狐狸先生"在知乎的回答

如果没有较强的专业知识背景，其实也没有关系，我们还可以换个思路。比如知乎答主"鱼缸里的沫沫鱼"在工科类专业毕业后成了狱警，同时又喜欢游戏、动画，他把工作、生活的经历当作自己的擅长点，其创作的内容也是围绕狱警生活、游戏、动画展开，如图4-3、图4-4所示。

图 4-3 答主"鱼缸里的沫沫鱼"狱警工作相关回答

图 4-4 答主"鱼缸里的沫沫鱼"回答游戏、动画相关问题

4.1.2 打造专属人设标签

确定好账号的主要赛道与核心方向之后,接下来要做的就是"打造专属人设标签",让用户能够从一众答主当中记住你。与此同时,良好的人设还能让用户更快速地相信你所表达的内容,快速吸引一众粉丝追随,也能够让答主产生"获得感"和"身份认同感",激发出源源不断的创作欲望。在账号建立之初,我们可以从外部、内部两个方面来进行思考,从而确定自己的人设。

1. 外部

从外部思考是指从账号对外展现的特点、给人的感觉出发进行思考,其中就包括对于用户来说,你是谁?你能做什么?你发表的内容是否对他人有帮助?

这就需要答主想清楚"我输出的内容和我展现出来的人设是不是真正能够满足用户的切实需要?""用户能否真正从账号提供的内容中受益?""我创建的人设与用户的期待值是不是真的匹配?"站在用户的角度去思考,答主在创作时需要根据内容输出能力来建立人设,否则就会导致"期待值与输出能力不符",从而造成人设崩塌。

例如,小A是一个心理学本科在读学生,擅长的领域是心理学,那么,在设立账号人设的时候,就要设立成"心理学科班生在读"而不是"心理学专家"。这样,用户对他的期待值,就会从"帮我解决现在面临的心理问题"转移到"告诉我我这个情况,到底遇到了什么问题?"这样,对小A来说也相对轻松,既可以游刃有余地帮用户进行解答、分析,也避免了因临床经验少、有些心理疾病无法给出建议的尴尬。但如果小A一开始就把自己的人设设立成"心理学专家",那么日后一旦解析时出现概念性错误或无法给出切实有效的建议的情况,用户就会大为失望,从而选择取消关注,甚至在网络上大肆吐槽。

确立账号人设并不是越高大上、头衔越高级就越好,而是需要让内容输出能力、人设所反映出来的形象,与用户的期待值达成一致,给自己留出犯错的空间,这样才能更好地驾驭人设。

2. 内部

从内部思考,指的是从答主自身的基本素质、性格特征出发进行思考。用户通过阅读答主的文章,也能够窥见答主的性格特征、脾气秉性。如果答主跟自己气味相投,或者答主的遭遇和自己类似,那么也就愿意持续地看他所撰写的内容。此外,一个接地气的人设还能够拉近与用户的距离。

因此,在建立账号人设的时候,我们不妨从内部入手进行思考,为自己的人设贴上几个接地气的标签。在一般情况下,思考维度如下。

① 性格:这一点非常好理解,就是以自己的性格作为人设标签。比如既懂美妆又脾气暴躁,那么人设就可以是"暴躁美妆姐";再比如性

格慢热又懂历史,那么人设就可以是"慢谈历史的××"。

② 做出的事件:如果我们想要突出自己在某方面的能力,也可以用所做出的事件作为人设的标签,比如"游泳冠军""连续创业者""销售额超 1000 万的保险师"……用户一看这些事件,就能清晰地知道你擅长什么,从而选择关注你。

③ 所在群体:要知道,用户对和自己处于同一个群体的人往往更能产生共情,因此"×孩儿宝妈""铲屎官×爸""打工人×××"这样的人设标签应运而生。用户看到之后就会有一种"我找到组织了"的感觉。

④ 爱好:如果我们想找更多和自己具备相同爱好的人,也可以利用爱好作为自己的人设标签,比如"爱画画的××""爱跑步的×××""爱旅游的×××"。

4.1.3 巧用细节巩固人设

在账号建立的初期,答主只能通过昵称、简介及内容等细节,初步建立起账号和用户之间的连接。此时,可以利用一些大众传播心理学的技巧,在细节上做文章,来巩固账号人设。

1. 慕强心理

慕强心理是指人天生就对比自己强的人充满了好感。在简介和内容开头表现出自己的资历,能带给用户"专业""特别""厉害"的第一印象,能够快速提升用户对内容和文章的信任感及好感度。例如,账号"Sean Ye"的人设定位为职场专业人士,其在某篇回答的开头便直接点出自己在人力资源行业工作十年,且在全球排名第一的人力资源公司美世咨询工作 6 年,如图 4-5 所示。这些看似不经意的细节描述,能够有效激发出用户的慕强心理。再配合上优质的内容,加强了账号人设可信度。

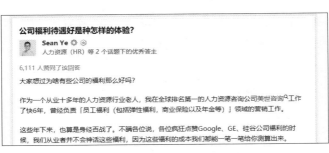

图 4-5 "Sean Ye"的回答

这样的慕强心理也能通过知乎官方提供的学历、企业、机构认证,来更好地被激发出来。图 4-6 为知乎答主"赵思家"的账号认证信息,其通过知乎个人认证系统,将相关专业的名校博士学历亮出,间接为其输出的内容质量进行背书。

图 4-6 答主"赵思家"的知乎认证信息

2. 自己人心理

自己人心理,是指人们会把那些与自己价值观相同、经历相似、对待事物看法相同,或所处同一环境、与自己是同一种族的人当成自己人。如果账号发布的内容使用户感觉到双方在许多方面有相似或者相同之处,用户就会在潜意识里将这个账号定位为"自己人",进而提高对账号人设及内容的认同度。通常而言,自己人心理更多地体现在立场相同、背景相同、个性相同、感受一致等方面。

例如,心理学创作者 KY 的高赞文章,如图 4-7 所示,通过开头举出朋友在工作和恋爱中的例子,让拥有相同经历的用户与文章内容产生共鸣,再抛出符合人设的专业内容,提高文章影响力,让用户对账号产生好感,更加满意账号人设所提供的价值。

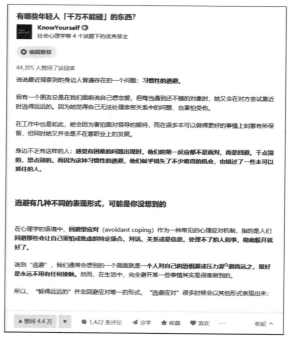

图 4-7 创作者"KY"的文章

4.1.4 做好个人账号认证

个人认证是知乎对个人在一个或多个领域身份真实性的确认,有了它,用户所打造的人设就相当于拥有了来自官方的鉴定。用户可以根据自身情况进行职业或学历认证,最多可申请 5 个认证,如图 4-8 所示。用户可以自主选择 2 个在个人主页进行展示,这些认证信息也会在回答页、搜索结果页等位置显示。

图 4-8　知乎个人认证申请界面

目前知乎个人认证支持包括科研、互联网科技、服务业、医疗健康、教育、公众人物等共 11 个领域 381 个类别的认证。

4.2 素人掘金知乎的 4 个步骤

运营知乎是一个长期的过程，尤其是素人，时间和精力都比较紧张，就更要掌握一套切实可行的方法论，才能快速步入正轨、少走弯路。虽然上一节已经详细介绍该如何在知乎起号和切入，但那些只是一个良好的开端，是成功的一半；而成功的另一半则是在后续持续、科学地运营，才能更加轻松地掘金。

笔者总结了素人起号的步骤和方法，只要循序渐进、脚踏实地地去做，哪怕是零基础的人也能轻松取得不错的结果。

4.2.1 第一步：确立目标，持续深耕

俗话说得好："想法决定行为"。自从有了新媒体账号之后，至少有 90% 的创作者都会遇到一个共性问题，那就是：我好不容易做起来的账号，却变不了现。在知乎也同样如此，如果你在账号创建之初目标没

有设立好，那么后续哪怕有再多的粉丝，变现也是遥遥无期。那么，在账号创建之初，我们该如何确立目标呢？答案很简单，想明白以下两个问题就可以。

第一个问题：想通过什么变现？

这个问题又可以从以下两方面考虑。

① 基于自己现有的能力范围。这点比较简单，就是思考"现阶段我能提供给用户什么服务？"可以基于自己的擅长点，比如会新媒体写作，就可以提供"文案代写服务"；可以研发课程也有自己的专长领域，那就可以提供"系列课程"；如果是心灵手巧会剪纸、做热熔胶玩具、做贴画，那你的作品就是你可以用于变现的东西；如果你是健身教练，就可以提供"健康管理服务/1v1身材管理服务"；如果你是电工，就可以提供"电器维修服务"……以此类推。找到一个可以为用户持续提供价值的点非常重要。切记：这个点是需要能够切实解决用户问题的，这样才可以变现。

② 基于自己手里的资源。这点也不难理解，就是盘点一下现阶段自己都具备哪些别人不具备的资源，比如之前是销售果蔬的，那肯定有果蔬的进货渠道，顺着这个思路走下去，变现方式有"直接卖水果、为蔬果商找更便宜的进货渠道"；之前从事的是律师相关行业，那手里最多的资源就是律师资源，那么可以变现的方式就有"帮身边律师对接客户"……以此类推。

用上述两个方法确定好自己想变现的服务/产品之后，我们还要做一件事，就是核对一下你的人设与你想变现的服务/产品是否相关，是否在一个领域内。

比如基于擅长点自己设立的人设是厨师，但是想通过给别人做电器维修变现，这就是不相关、不在同一领域内。此时就要做出决策，到底是做厨师的账号，把变现方式换成"教人做菜、卖秘制菜谱"还是坚持用电器维修变现，把人设换成"电器修理师"。

第二个问题：目标客户喜欢什么内容？容易被什么种草？

把变现方式和人设梳理一致之后，接下来就要思考"你的目标客户是谁，容易被什么种草？"例如，我的变现方式是"卖私房菜谱"，那么我的目标客户就是"家里做饭的人"。通常来说，这群人可能喜欢"追剧、分享生活日常、聊美食"，那么在日后的创作中，就可以多选择这些问题进行持续的输出，自然也就能够精准地吸引这群人了。

到这里，一定有人问："我没啥能力、没啥能切实解决用户问题的服务，也没资源，该设立什么目标？"知乎官方也考虑到了这一点，所以账号等级到 Lv3 就可以成为一名好物推荐官，如图 4-9、图 4-10 所示，这就是好物推荐账号，以及相应的带货数据。

图 4-9 创作者"Kira"带货账号

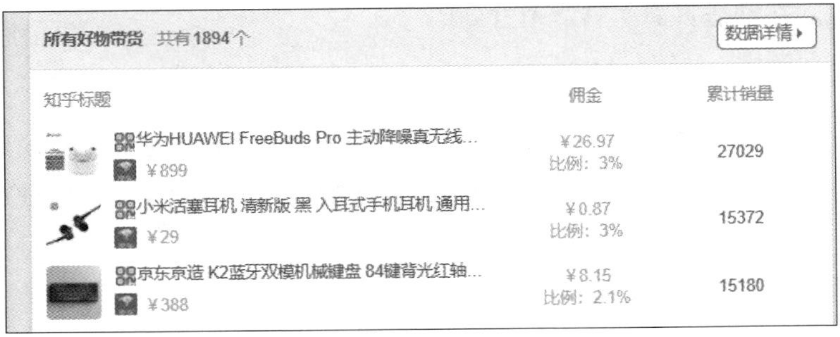

图 4-10 知乎官方提供的带货数据

4.2.2 第二步:打造优势,单点突围

如图 4-9 所示的账号建立时间不到一年,其回答的内容除去前期养号的过程外,其余都是带有营销插件的商业内容,且几乎不会回答其他话题下的任何问题,700 多个回答中包含营销插件的有 420 种,包括想法都是为了带货服务。从头至尾行动的目的非常一致,用户一眼就能看出该账号的优势、擅长点、特色。

这就是账号建立初期,确立好目标之后,倒推行动并拿到结果的典范。到这里你会发现,先确立好目标再去运营的账号都有一个共性,那就是"聚焦"。因此,我们在日后的创作当中,也要围绕一个单点先进行输出,将自身优势和价值打造出来之后,再围绕这个优势进行拓展,输出其他领域的硬核内容,将账号价值进行聚焦。这样,用户才能在遇到问题时第一个就想到你,找你来解决。

那么,该如何判断自己的账号单点优势是否已经打造出来了呢?在一般情况下,可以通过以下三个维度判断。

① 官方邀请回答的问题是否围绕同一维度、同一问题标签?知乎官方会根据每个账号的既往活跃领域、既往活跃回答自动推送相关的问题。在推送页面能够清晰看到问题所在领域,如图 4-11 所示。

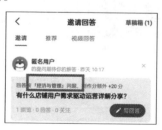

图 4-11 垂直领域问题邀请

当官方邀请回答的问题大多带有相同领域标签的时候,就证明账号单点优势已经突显,同时,账号的价值领域也已经被敲定。此时就可以趁热打铁,在这个账号权重比较高的领域内多活跃,让自己的账号被更多人看见。

② 官方邀请问题是否为同一类型?如果在官方邀请的待回答问题中迟迟看不见本节前文所讲述的标签,也不要着急,我们也可以通过汇总

官方邀请问题的类型、所含的关键词，来判断账号的单点优势是否已经突显。如图 4-12 所示。

图 4-12　官方邀请问题

通过上方三张问题邀请截图不难看出，官方邀请这个账号回答的问题都含有"新媒体"这个关键词，同时，所有问题都围绕"新媒体"领域提出。这就证明，这个账号在新媒体领域的优势已经突显，接下来要做的就是趁热打铁，强化这个优势。

③ 通过多形式内容输出，人为突出优势。如果前两种维度都不符合，那么我们也可以通过在回答、问题、想法、视频等模块中，持续输出同领域的内容，来强化账号的单点优势，如图 4-13、图 4-14 所示。

图 4-13　持续输出同领域内容 1

图 4-14 持续输出同领域内容 2

通过上方截图不难看出，答主七优在想法、回答、视频、文章模块下所发布的内容全部围绕"如何教孩子学习""如何帮孩子解决生活、学习里遇到的问题"所展开。自然而然地，用户在看到这个账号的时候，就能够将育儿（如何培养小学生）与之联系起来。当用户在带孩子过程中遇到问题时，就会第一时间想到找她来帮忙。这就是通过多种形式内容输出，人为突显优势、单点突围的典范。

在这里，笔者要再次强调：设立的人设、想变现的服务/产品、所打造的单点优势要高度一致，这样才能确保账号具备稳定、持续变现的价值。

4.2.3 第三步：高频输出，价值绑定

确立好账号人设、变现方式，知道怎么打造出账号的单点优势之后，我们要做的就是通过大量的内容输出和高频次的互动加强用户对于账号的记忆和信任，扩大账号的知名度。要知道，对于没有任何粉丝基础、没有任何预算的素人而言，最快、最简单、最直接赢取用户信任、实现变现的方式就是大量地产出内容。

此外，大量产出内容还有如下三个好处。

好处一：能够在反复的刻意练习中，找到账号的风格，很好地将答主个人风格、硬核干货知识、平台用户需求三者有机融合。要知道每个

人都有自己独特的性格，而每个专业领域的知识与广大零基础用户也都有着一定的语言和认知壁垒，而每个平台上的用户又都有着自己的需求，只有依靠长期、持续、大量的内容输出及反复的练习，答主才能将三者有机融合。

好处二：能让答主确定"自己是否适合长期运营知乎账号"。为什么这么说？因为很多答主在创建账号、设立好人设、确定好变现和突围优势之后，如果不能有立竿见影的收获，总会不断陷入自我怀疑当中，进而形成精神内耗。通过大量持续的输出，获得用户真实反馈，能够更好地解决这一问题。

好处三：获得持续的成长力。要知道，"只有肚子里有货，才能持续输出"，高频输出还能够倒逼答主在自己选定的领域当中持续精进。一旦账号爆火、付费需求增多，更可能助推答主对于选定领域进行深入研究，进而获得持续的成长力。

在这里，有一点需要运营者们格外注意，即这里所讲述的高频输出，并不是一味地大量发布内容、做重复劳动，这里也是有一定技巧的，接下来进行详细讲解。

1. 固定更新频率

要知道用户从认识一个账号到熟络再到记住，需要一个漫长的过程，只有多次、稳定的干货触达才能起到加深印象的作用。因此，对于新账号而言，"三天打鱼，两天晒网"的模式很容易让用户在构建好感之后就彻底忘记，也不利于账号后续的变现。此外，"现实工作忙就三两个月更新一次，这段时间没事儿就每天更新四五次"，也不利于平台准确判断账号的活跃度，尤其是参与一些官方活动的时候，因为断更和没留意发布频率而错失流量扶持机会的大有人在，进而白白浪费了好不容易获得的账号热度。

可能有些答主工作确实忙，那么我们可以选择在双休日先将下周要发布的内容提前写好，确保每周至少能够稳定发布3~5篇内容。如果具备条件，那么也可以保持账号每日更新内容。在这里要格外注意：每周发布的想法、回答、文章、视频等数量都要稳定。这样，用户看到你的账号之后，就知道该通过什么方式与你进行互动。

2. 固定发布时间

除了更新频率需要稳定之外，还需要注意每次想法、回答、文章、视频等的发布时间。这就和上课一样，如果上课时间一致，学生就知道到时间就进教室坐好；如果上课时间很随机，那么就会让学生在无意中忘记上课，那么上这堂课的学生就会越来越少。同理，答主的知乎账号内容发布时间每次都一致，用户看到内容之后就会形成固定记忆。每次一到时间，就会翻一翻你发布了什么，进而形成一种默契。如果今天早上发、明天中午发、后天又换成晚上发，用户就很难记住。

3. 确保质量稳定

知乎是一个靠干货内容种草的平台，而且在知乎，用户了解答主的途径，就是答主所发布的想法、回答、文章、视频。这就需要答主每次发布的内容质量都比较稳定，要让用户每次看到答主的内容，都能够获得"认知扩展、知识技能"，这样久而久之用户就会觉得这个账号是高价值的，从而转成忠实粉丝、持续关注。

如果每次输出的内容质量都不一致，有时口水话、情绪化，有时又极高质量，那么在用户心中就会造成记忆错乱，再加上"用户对不好的记忆往往更深刻"，因此，就会很容易把这样的账号判定为"很水"，哪怕这个账号内容质量提高了也不愿意选择关注。

4. 单日切忌贪多

在知乎，一旦用户关注了某位答主，就能接收到这位答主全天的站内动作提醒。试想一下，关注了答主之后，这位答主每天回复上百个问题，用户就能接到上百条站内提醒，相信任谁看了都会感觉厌烦。因此，答主一定要留意自己每日的站内动态，每日的动作千万不能过多，否则反而会给用户一种过于打扰、答主没有主业的印象。

4.2.4 第四步：数据复盘，持续迭代

确立好目标、打造好人设、想好了变现手段，账号也运营了一段时间，到底怎么复盘才能达到变现的目的？相信这是诸多答主所困惑的。而且，很多答主一听复盘，就觉得不过是写写内容总结、运营总结，也没有什么特别的。其实，这些都是错误的想法。

复盘，并不是让我们针对行动过程进行文字总结。而是从数据出发，监测账号内容、倒推运营步骤，具有找出运营问题、优化改进方法、达成运营目标的作用。在一般情况下，复盘可以分为如下三步。

1. 回顾目标，确认标准

在复盘之前，一定要先回顾一下我们最初设立的目标是什么？根据本节之前所讲述，我们的目标就是围绕我们所设立的变现方式、人设，单点打造优势，进行起号变现。那么，在复盘的时候就需要考虑"这个目标是否达到了"。

依旧拿厨师举例。假设我的目标是：打造厨师人设、销售私房菜谱、教别人怎么做菜；这个账号所应聚焦的领域是烹饪和做饭，但是，近期却回答了很多关于世界杯的问题，那么很显然，这就和之前所设立的目标不一致，就需要调整我们的运营动作，把回答的内容、撰写的文章，都调整到烹饪和做饭领域。

2. 评估结果，解析数据

在知乎账号的"我的→内容分析"中，可以看到账号的内容分析。打开内容分析首页，可以清晰地看到这个账号各个模块下的数据详情，如图4-15所示。

图4-15 内容分析页面

点击全部按钮，通过观看阅读趋势和互动趋势变化图，答主很容易就能追踪到具体哪一天的内容比较受欢迎，从大盘数据上对自己的内容

进行一个初步评估。如图 4-16、图 4-17 所示。

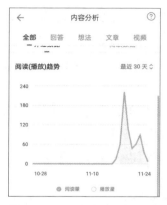

图 4-16　阅读（播放）趋势

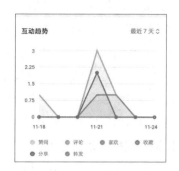

图 4-17　互动趋势

通过观察上方两张图不难看出，在 11 月 21 日的时候，这个新账号的互动数据达到了最高点，在 11 月 18 日这个账号的阅读（播放）数据达到了最高点。这也就意味着，我们可以大致判断出这位答主在 18 日创作的内容比较具有传播力，很多人愿意点开看，但是在 11 月 21 日所撰写的内容最具备情感认同力，很多人愿意跟答主互动。下次再创作的时候，就可以借鉴这两天创作的内容。

到这里，一定有人会发现，只看全部页面的大盘数据，有一个弊端，那就是大盘数据受答主单日活跃度影响，答主单日活跃度越高，数据也就会越好。而且，点赞、收藏、评论等数据也有一定滞后性，并不能反映出具体哪一条内容比较好。别着急，看完大盘数据之后，我们还可以分别点击这个页面上的回答、想法、文章、视频按钮，将页面拉到最下方，就可以查看单篇内容的分析数据。如图 4-18 所示。

找到了每一条内容的数据入口，接下来就是分析。每一项数据都反映了什么？究竟怎样的阅读曲线才表示好内容？在这里，笔者也为大家总结了一些规律，供大家在日后的运营当中参考。

好内容的界定标准：每天都持续有新阅读数据出现，单条回答阅读曲线如图 4-19 所示。可以清晰地看到，该条内容在发布之后的 4 天内都持续有新阅读数据出现。虽然每天的阅读数据在逐渐减少，但新阅读数据每日新增的持续性非常高。这就是能吸引用户浏览的好内容。我们在创作内容的时候，就要尽可能地确保这条曲线不接近于 0。

图 4-18　单篇内容分析

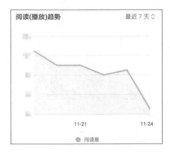

图 4-19　单条回答阅读数据

了解阅读数据趋势，知道了好内容的界定标准，接下来就要解读详细的数据指标。各个数据指标的具体含义如表 4-1 所示。

表 4-1　数据指标含义

数据指标名词	含义	数据低迷时调整建议
播放/阅读量	代表有多少用户愿意看你的内容。数据越高，证明内容越吸引人	① 调整内容开头 ② 增加账号在问题下的权重，使回答排名更靠前
赞同总量	代表有多少人认可你的内容。数据越高证明用户越认可	在内容中植入情绪
喜欢总量		
评论总量	代表内容是否能激发用户的讨论欲望、是不是具备话题性。数据越高，证明内容越具备讨论性、争议性、话题性	在内容中植入话口，如抛出 1 个问题给阅读的用户讨论

续表

数据指标名词	含义	数据低迷时调整建议
收藏总量	代表有多少人认为内容对自己有用,想长期观看。数据越高,证明内容干货程度越高、对用户越有用	① 增加文章的干货程度,可多增加案例、引用、数据等 ② 增加内容的易懂程度,多用图片表达观点,多用大白话、少用专业术语等
分享总量	代表有多少用户愿意把内容跟周围人分享。数据越高,证明内容对别人越具备启发性	

到这里,相信各位答主对各个数据指标已经有了一个初步认知,也知道各个维度数据指标低迷时该如何进行调整了。那么,基于这些数据指标,我们还可以进行升级解析,如互动率、转粉率。

① **互动率**

概念:在看了内容的用户当中,愿意直接进行互动的比例有多少。

计算方式:互动率 =(赞同数 + 喜欢数 + 评论数 + 收藏数 + 分享数)÷ 账号阅读总数

调整策略:互动率越低,证明账号的整体内容对用户来说趣味性和争议性越低。这就需要我们更改内容输出风格,同时在内容当中植入一些情绪和话题,激发用户的互动行为。

② **转粉率**

概念:看过内容的人,有多少愿意成为账号粉丝、持续关注。

计算方式:转粉率 = 粉丝数 ÷ 阅读数

调整策略:这个比例越高,证明账号的内容干货程度越高,或账号越受用户喜欢。如果这个数据低迷,可以从内容干货程度入手,多多输出更具知识性的内容;也可以从内容风格入手,多多输出更好玩、让人眼前一亮的内容,来吸引用户。

3. 找准差距，分析原因

回顾完目标、分析完数据相信各位答主就已经能够梳理出自己账号运营时所出现的问题。接下来要做的就是把找出来的问题逐条列好，然后去平台内找对标账号、对标内容，逐一比对，持续打磨内容。

比如：转粉率不高，知道了要从内容趣味性和干货入手去调整，那就可以找一些平台内单条回答阅读数据和自己普遍差不多，但是粉丝比自己多的答主，看一看自己的内容和那个答主的内容，在风格、干货程度、排版和呈现形式等方面的差异在哪，找出差异点之后，去提升就可以了。

4.3 素人号的六个变现方式

对于答主而言，持续精进、持续在知乎发布优质内容，除了能够丰富自己的精神世界、充分满足交流欲望之外，也渴望能够获得一些实实在在的物质上的回报。为此，知乎官方也先后上线了赞赏功能、视频与直播收益、知乎 Live 功能、付费咨询功能、盐选专栏、芝士平台，帮助知乎答主进行内容变现。

4.3.1 利用赞赏功能获得收益

当账号等级达到 5 级时，可以在创作中心的"创作权益"下开通赞赏功能，如图 4-20 所示。

图 4-20 赞赏功能

赞赏功能是针对单个回答、文章专栏存在的，答主在创作、修改文章时可以通过文章→发布设置→赞赏设置选择是否开启赞赏，如图4-21所示。开启后的文章能获得单个用户最高500元赞赏收益，具体数字会显示在回答下和创作中心的"收益"中，除第三方运营成本与手续费外，剩余赞赏金额皆归作者所有，用户可以随时提现至第三方支付平台。

图4-21 赞赏功能的开启与关闭

值得注意的是，并不是所有的文章、回答都能设置赞赏功能，如果存在下列情况则无法开启。

① 作者未绑定手机号码。

② 被删除、折叠或建议修改的回答。

③ 知乎社区、成人内容等受限话题下的回答。

④ 涉政、涉及安全风险话题下的回答。

在这里温馨提示：在知乎不能直接或间接使用赞赏功能进行募捐、众筹、乞讨、赌博抽奖。此外，一经发现通过"非原创、恶意营销、违法违规"等内容获取赞赏收益，则该收益将会原路退还给赞赏者，同时还会对创作该内容的答主进行相应处罚，甚至永久关闭该账号的赞赏功能。

4.3.2 通过视频和直播获得收益

1. 视频收益

答主可以通过开通"内容收益"权益来获得视频播放收益，而这个权益有着如下相对严格的入驻标准。

① 账号创作等级 ≥ 4。

② 原创视频内容达到 5 条。

③ 通过平台权益审核。

在审核开通"内容收益"后，发布的优秀内容将会产生现金收益，且收益数据每日更新，收益汇总后打入"钱包"，结算周期为一周。

视频的收益以播放量为主要的衡量指标，同时参考视频本身的质量、评论、赞同、喜欢等其他因素，如果视频存在"原创性不够""版权风险"等会被锁定，被锁定的视频不会计算收益。创作者发布大量内容原创性不足的视频后会被取消视频收益资格。

知乎视频收益根据播放量、点赞、评论等综合计算，前文中提到过知乎视频不能作为引流、增长粉丝的手段，但是可以作为收益手段，因为视频会被随机推送到知乎首页，所以流量来源有时和自身的粉丝基数无关，就算粉丝数量少也能通过这个方式获取一定的收益。

2. 直播收益

打开知乎 APP，通过左上角的直播图标，即可进入直播频道，如图 4-22 所示。

创作等级 ≥ 3 级的用户自动开通直播功能，直播中的收益主要来源于观众赠送的礼物，如图 4-23 所示。

购买礼物的"盐粒"为知乎直播平台的专用虚拟商品，观看用户可以通过第三方支付平台直接付费购买，只用于兑换知乎直播平台上的虚拟礼物和增值服务。主播获得礼物后会按照主播 50%+平台奖励 20%，总计 70% 的礼物收益，存入知乎钱包，每隔 7 天可以提现一次。

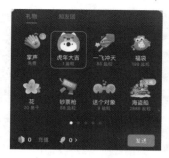

图 4-22　APP 端直播入口　　　　图 4-23　知乎直播礼物

4.3.3　通过知乎 Live 获得收益

目前，成为 Live 主讲人的答主，平均时薪已经超过万元，单场参与人数最多达到 12 万人。成功举办 Live 后会生成视频，并通过个人主页或者 Live 专栏，供没有实时参与的用户购买观看。

知乎 Live 获得收益的方式为入场定价和赠礼。入场知乎 Live 需要支付"门票"费用，而这个门票费用以单场计算，由答主自主定价，定价范围为 9.9 元到 499.99 元，如图 4-24 所示。在用户购买 Live 的门票费用基础上扣除 30% 服务费，再加上知乎官方给予的 20% 补贴，就是答主（Live 创建者）所获得的收入。综合来说，知乎官方仅收取 10% 的平台服务费，其余皆为答主（Live 创建者）所得。

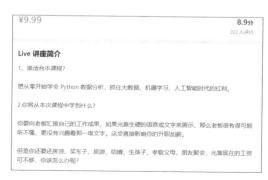

图 4-24　知乎 Live 页面

入驻知乎 Live，每位答主需要缴纳 500 元的保证金。值得注意的是，虽然保证金会在 Live 结束后 7 日内退回，但是如果超过约定时间 15 分钟未开启 Live，那么平台会将这 500 元保证金全部扣除。如若超过 30 分钟未开启，则会取消 Live 讲座，并且将用户缴纳的门票费用退还。

知乎 Live 作为知乎内容变现的优势项目，是知乎官方提供的粉丝变现、获取收益的最佳途径之一，单场收益较高，对于某方面有优势且粉丝基础扎实的答主（如编程、志愿填报等领域的答主）来说，场均收入极高，值得每一位答主进行尝试。

4.3.4　通过付费咨询获得收益

付费咨询是知乎推出的付费问答服务。提问的用户可以在这里自由选择答主，并向他们提出自己的问题，同时支付对应的咨询费用。答主通常会在收到问题后的 48 小时内进行解答，如果答主放弃回答，咨询费用则会在 72 小时内按原付款路径退回。

知乎付费咨询相当于用户需求和创作者之间的直接碰撞，答主能利用自己的优势快速变现，如高考志愿填报下的付费咨询，如图 4-25 所示。

根据图 4-25 不难看出，高考志愿填报相关的答主最高获得了 3800 多次的咨询，每次咨询价格为 199 元。值得注意的是，如果咨询者愿意公开咨询内容，其余用户还能够花费 1 元进行旁听，如旁听人数足够多，这也是一笔不小的收入。

图 4-25　知乎付费咨询

4.3.5 通过盐选专栏获得收益

答主可以把在日常工作、生活当中整理的一篇篇内容投稿到知乎盐选专栏。如果稿件被选中，知乎官方就会直接将内容推送到与之匹配的问题之下。与此同时，官方还会利用自身站内资源将专栏进行展示，从而帮助答主获得更多收益。

简单来说，盐选专栏相当于知乎官方的电子书投稿平台，稿件可以包含生活、工作的方方面面，也可以是小说等文学作品。只要知乎的编辑觉得答主创作的内容有市场、有用户愿意付费，就会帮助答主进行推广，答主坐享收益分成就可以，如图 4-26 所示。

图 4-26　盐选专栏

4.3.6 通过芝士平台轻创业

如果说前文所讲述的内容只是知乎答主通过内容创作对变现的初级尝试，那么芝士平台对于答主们来说，则是绝佳的内容轻创业阵地。芝士平台最初是知乎推出的创作者（答主）商业服务平台，入驻路径为"创作中心—芝士平台—前往"。进入芝士平台后，点击"我是创作者"即可进入，如图 4-27 所示。

第 4 章 知乎 实战：素人如何掘金知乎？

图 4-27　芝士平台申请页面

未入驻芝士平台的答主登录之后，即可看到入驻芝士平台的 3 个条件和申请按钮。凡是满足图 4-27 中 3 个条件的答主，勾选同意芝士入驻协议、填写入驻资料，即可申请入驻芝士平台，参与知乎官方提供的各种变现任务。

任务包含以下几种。

1. 品牌特邀

品牌特邀是由入驻了知乎的品牌方发起邀约，接到邀约的答主可以收到站内私信和手机短信通知，如图 4-28 所示。

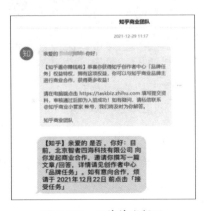

图 4-28　品牌特邀提示

答主通过点击链接进行接单，如果 24 小时没有点击接单，则任务会被取消。答主接受任务后，在电脑端商业编辑器内进行任务绑定，并依次上传提纲→初稿→复稿→终稿，在各个阶段通过品牌方 / 服务商审核即可。

2. 知乎众测

知乎众测是品牌方发起的评测活动，入口为手机 APP 端我的→活动广场→知乎众测，如图 4-29 所示。

图 4-29　知乎众测

具体参与流程：选取任务→申请→等待通知，如图 4-30 所示。在官方报名截止后，通过站内私信联系答主。答主需要在收到产品后，发布符合品牌任务要求的评测报告。如果答主发布的内容优秀，则可以获得一定数额的评测奖金。

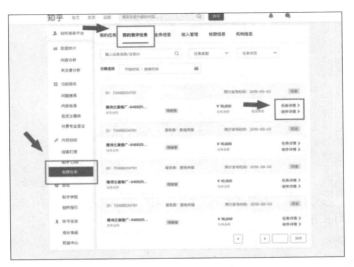

图 4-30　知乎众测

3. 招募任务

"招募任务"由品牌发布类似评测、带货等不同类型任务,并设立预算。答主可以自由选择相应的任务进行参与,并据任务详情及选题建议创作内容进行投稿,结算一般以阅读量为标准。

参与方式为创作中心→芝士平台→前往,进入页面后会出现可投稿的任务。答主创作完成后复制内容链接,回到"招募任务"任务列表,选择对应任务点击"投稿",并上传内容链接即可参与。

4 复用任务

复用任务相当于品牌主直接在答主的优质内容内进行付费推广。答主参与复用任务之前,需要在创作中心→复用任务中填写创作者(答主)报价。未填写报价,品牌主将按照系统建议价格下单。被品牌主下单的优质内容,将会收到私信通知。答主可以在收到私信的 72 小时内选择接受或者拒绝任务。超时此单自动取消,如图 4-31 所示。

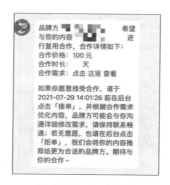

图 4-31 复用任务

5. 好物推荐

好物推荐主要针对实体商品，如图书、数码、食品、家具等，好物推荐功能申请条件如下。

① 创作者等级 ≥ 4 级。

② 账号注册时间 ≥ 90 天。

③ 过去 90 天未有违反《知乎社区管理规定》的行为。

④ 仅限个人账号申请，不支持机构号。

申请的答主除了需要满足上述基础申请条件外，系统还会对答主的账号行为及内容进行审核，若系统识别账号存在风险或有异常数据，则无法通过申请，如图 4-32 所示。

图 4-32 申请好物推荐要求

完成申请后，账户即自动开通"好物推荐"功能，获得一个月的试用权限。在这一个月的试用期内，答主需要使用"好物推荐"创作一篇及以上的内容，即可成为"好物推荐"创作者。若在试用期内未进行创作，权限将被收回，再次使用时需要重新申请。

在申请通过后，答主创作文章时就可以通过"收益"搜索相关的商品并插入文章，如图 4-33 所示。

图 4-33　插入商品链接按钮

目前好物推荐支持绑定的平台有京东、淘宝、苏宁、拼多多、美团酒旅、知乎商品。好物推荐采用的是销售付费返佣模式，即用户购买了，推荐人就有佣金。

以京东为例，赚取佣金的方式如下有三种。

直接赚取商品的购买佣金：插入京东的商品后，只要用户通过商品推荐卡片进入京东店铺，即使在店铺购买其他商品，答主也可以收到佣金。值得注意的是，京东的同店订单点击有效期为 15 天。这也就意味着，用户点击插入的商品推广卡进入京东店铺之后，在 15 天之内在推荐商品这家店铺中购买任一商品，答主都会获得推广佣金。

获取跨店铺购买佣金：用户通过点击商品推广卡片进入京东平台，只要 24 小时内在京东的其他店铺购买商品，答主也能获得推广佣金。

获取复购佣金：用户通过答主插入的商品链接成功下单，且在 90 天内复购了，答主也能获得佣金。

6. 知 + 自选

知 + 推荐的商品多为教育培训行业提供的非实体商品，如考研培训、小语种课程等，也有一些实体商品会加入推广，申请"知 + 自选"的条件如下。

① 创作者等级 ≥ 3 级。

② 账号注册时间 ≥ 90 天。

③ 过去 90 天未有违反《知乎社区管理规定》的行为。

④ 仅限个人账号申请，不支持机构号。

商品插入方式和好物推荐相同，如图 4-34 所示。完成申请后，即自动为答主开通"知＋自选"功能。与"好物推荐"不同的是，"知＋自选"开通后不存在试用期。一旦违规，删除违规内容就可以一直享有该功能。

图 4-34　"知＋自选"商品列表

"知＋自选"不需要绑定平台，采用的是点击付费返佣模式，用户通过链接进入网站浏览一定时间后会被判定为有效点击，则推荐人（推荐的答主）可以获得佣金。

4.4　素人号持续互动、曝光、增粉的秘诀

几乎所有知乎答主都希望自己的账号能持续获得互动、曝光、增粉。而在实际的操作过程当中，要么就是卡在了起号期，不知道怎么才能引导用户跟自己互动；要么就卡在了瓶颈期，在账号大规模吸粉之后就逐渐衰落。

事实上,想要让用户持续与自己互动、让账号持续有更多人来关注并不难,接下来为大家详细讲解具体方法。

4.4.1 在内容中直接号召互动

在爱情探讨当中非常流行一句话:"爱,就得大声说出来。"其实这句话在运营当中也同样适用。想要用户跟自己互动,也要大声说出来,因为没有互动,答主就无法判断自己所创作的内容对于用户来说接受度到底如何,不知道自己发布的消息是不是他们真正需要的。

更重要的是,很多时候,用户会沉浸在干货满满的内容之中,根本想不起来给你的账号点赞、评论。那么,我们就要主动一些,在文末添加一些引导互动的话语,一来为账号增加互动数据,方便答主用真实用户的反馈来调整内容创作;二来还能够和用户形成情感连接;三来也能强化用户的体验感,告诉他通过本文你学到了什么;四来还能让用户知道答主的辛苦。

如图 4-35 所示,该文章就在文末恰到好处地直接发起了互动邀请。

图 4-35 文末互动邀请

在这里,笔者也总结了一些常用的互动邀请话术,供读者参考。

话术一:【通过互动判断内容干货程度】如果觉得本回答对您有所启发,烦请点赞、评论、收藏,不胜感激。

话术二:【通过互动建立情感链接】全文一共 ×× 字,是笔者从业近 × 年来的吐血干货总结。码字码到手抽筋,请点赞、评论、收藏,鼓励我一下。

话术三:【通过互动判断内容舆情】如果觉得我说得对,就请点赞、评论、收藏,为自己发声!

话术四:【通过互动吸引更多人持续关注自己的回答】觉得靠谱,

请点赞、收藏、评论、关注,我将持续输出更多优质内容。

话术五:【通过互动求安慰与鼓励】你的点赞、收藏、评论、关注,是我创作的动力。喜欢就用行动告诉我吧!

话术六:【通过互动,突出对用户的好处】记得点赞、收藏起来,这样答案就会出现在你的主页动态,不用担心下次再想看时找不到 / 超浓缩干货预警,赶紧点击、收藏,以防走丢。

话术七:【通过互动送祝福、找到同好】希望看到这篇回答的同学,都能过上自己理想中的生活,来点个赞,让我们一起进步、为自己加油!

4.4.2 利用附加内容锁粉

在知乎,答主创作了一篇内容之后,往往曝光量有限。那么,该怎样让更多用户看到答主的更多内容,从而让答主既往已创作的内容产生持续不断的曝光呢?答案就是利用附加内容版块将相关的回答进行联通。

操作方法非常简单,就是在新的回答下面以"补充说明、系列回答、往期回答、文章合集"的名义植入既往的回答链接,如图 4-36 所示。

图 4-36 附加内容

补充说明:一般应用在文章中提到一个点却不方便过多展开的时候。此时,我们就可以植入对应的既往回答链接,既起到补充说明的作用,又能让既往的回答获得全新的流量。

系列回答:一般垂直专业领域答主回答问题时应用得比较多,因为他们经常会围绕一类问题展开回答,在回答新问题时植入既往回答中与这个问题相关的回答,可以起到延伸阅读的作用,加深读者对问题的理解。

往期回答：一般账号粉丝比较多的答主比较常用，如果读者读完文章意犹未尽，那么可以给出链接推荐阅读往期的优秀回答。

文章合集：如×××篇×××文章盘点，让用户自己去查找想要观看的内容，一站式获取知识。

4.4.3 利用私信沟通转粉

当答主的回答内容吸引到用户时，用户往往会采用私信的形式补充询问答主一些问题。这个时候答主应该主动抓住时机，多多与用户进行互动，让用户感受到答主的真诚。此外，在为用户进行解答的同时，也要主动出击、邀请用户关注自己，给自己点赞、评论，从而转化一些忠实粉丝持续关注自己。

4.4.4 评论互动转粉

很多时候用户看完答主的回答后，可能会产生这样或者那样的新问题，他们更渴望通过评论来与答主进行交流，获取更多知识。那么作为答主，不仅要细心地回复用户，还要多多引导他们"点关注、不迷路"。

这样不仅正在互动的用户会觉得这位答主的互动频率高、时效性强，从而转粉，更多新用户看到以后也会对答主产生好感。

4.4.5 利用想法增加互动和曝光

可千万不要小看想法这个功能，它可是知乎全新的流量入口。答主可以通过发布想法分享自己的生活、工作，询问用户对某件事的看法，这会让用户觉得答主距离自己更近，让答主的形象更立体化。

而且，知乎官方还专门开设了想法专栏，来展示每一位答主所发布的内容，这就有了对答主账号补量曝光的功效。用心经营想法的答主，可以通过这个功能吸引更多的粉丝。

如图4-37所示，答主"YUNYA麻麻"就非常用心地运营着自己的想法，从而得到了更多用户的评论与点赞。

图 4-37　知乎想法

如图 4-38 所示，答主"刘博洋"就通过发布想法来抽取礼品，与平台用户进行了深度互动。

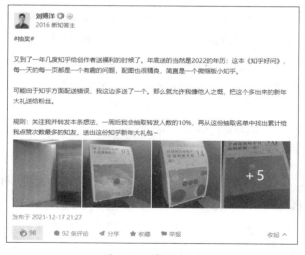

图 4-38　想法互动

4.4.6 利用视频功能扩大曝光

视频功能与想法有异曲同工之妙，也可以作为答主账号补充曝光度的手段。知乎视频时长多数在 0~20 分钟。知乎在 2020 年开始推广视频创作，在创作等级达到 4 级后，发布 5 条以上原创视频就能解锁视频内容收益权益，如图 4-39 所示。

图 4-39 视频内容收益权益

知乎把视频内容夹杂在普通内容中进行推送，如图 4-40 所示。知乎网页版视频推送力度较大，视频占网页端推送内容的 25%~35%，手机端也有 10%~20%。如果答主时间充裕，也可以适当创作一些视频答案，这样也能够为自己的账号争取更多流量曝光。

图 4-40 知乎视频推送

4.4.7 利用知乎账号权益推广增加曝光

答主在发布完回答后,肯定希望自己的内容被更多的人看到,在到达一定创作等级后,答主可以通过知乎自带的账号权益进行内容流量加权,共有如下两种加权方法。

1. 内容自荐

当创作等级达到 4~7 级时,在每个自然月内默认获得 3 次内容自荐机会;创作等级达到 8~10 级时,每个自然月自荐机会增加到 5 次。使用自荐功能后系统会将回答送入加量通道,推荐给更多感兴趣的用户,如图 4-41 所示。

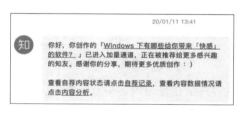

图 4-41　内容自荐提示

2. 自定义推广

创作等级为 7 级以上的创作者,可在所创作的回答页下方设置一个推广模块,用于推荐自己的回答、文章、专栏、Live、电子书等内容,如图 4-42 所示。

图 4-42　自定义推广

4.5 素人号建立私域资产的方法

每一个知乎账号背后都藏着答主的辛苦付出，除了在平台上吸引更多人关注、利用平台变现之外，也有答主希望将知乎账号的势能扩大，替自己的私域引流。那么，具体该如何操作呢？

在知乎规则允许的前提下，笔者总结了以下 5 点引流方法，供各位答主参考。

1. 来源法

在回答的开头处标明内容来源于 ××× 公众号，如图 4-43 所示。这样植入的宣传内容较软，也不影响用户的阅读体验。需要的用户，在对内容产生强烈认可之后，就会自发关注公众号，便于转化为私域流量。

2. 更新法

在回答的内容中，明确表明在其他渠道会系列更新更多相关的内容，通过内容系列化将用户引流到你的私域（微信号、公众号），如图 4-44 所示。

图 4-43　开头插入公众号

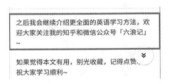

图 4-44　结尾引流

3. 直接引导

除了上述方式之外，还可以在回答内容的尾部植入品牌/形象图片。这种没有利益诱导的直接引流的方法，适用于粉丝基础扎实的知乎账号，如图 4-45 所示。

图 4-45　直接引导

4. 利益诱导

当然，我们也可以通过释放一些福利，来吸引知乎平台用户进入你的私域流量池，如图 4-46 所示，答主 KY 就通过知乎想法进行引流。

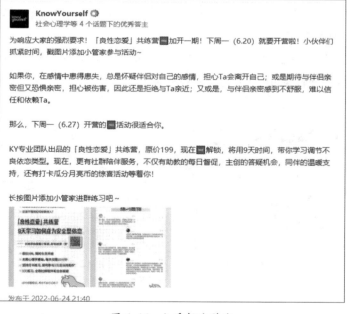

图 4-46　知乎想法引流

这种可以用来引流的福利，大概可分为如下几种。

① 能够获得免费咨询次数（知乎咨询需要付费）。

② 优先回复消息。

③ 展示能获得的资源（文章内展示存在风险）。

其中前面两项可以在文章中插入，而第三项如果包含链接则不推荐在文章内直接插入，因为大概率会被判定为引流内容，轻则降低回答排序，重则封号。包含链接的情况下可以通过"想法"发布引流内容。

5. 规避引流雷区

早期，知乎对于引流打击不严，除去过于明显的二维码、个人微信号引流会加以处罚之外，像发布链接等其他形式的引流，相对来说处罚力度并不大。但是从 2020 年下半年开始，伴随着知乎商业化进程加快，知乎对于文章内直接加入二维码、个人微信号、站外链接的引流方式大力禁止，不包含链接的公众号名字宣传则不会触发处罚机制。在引流时，以下几点至关重要。

① 不要在文中植入二维码，否则文章会被折叠。

② 不要在专栏介绍中引流，知乎会直接删除专栏。

③ 不要在文章、回答中放个人微信号跳转链接。

④ 大量引用别人内容时，不要在正文中出现引流内容，可以通过评论区引流。

⑤ 带有二维码、站外链接的内容可以通过想法发布。

第 5 章 赋能：企业及品牌如何掘金知乎？

很多品牌面临品牌升级、急需寻找流量洼地和第二增长曲线的问题，纷纷入驻新媒体平台。可真正操作和深耕之后才发现：自己的新媒体运营不是内容方向太过单一无人问津，就是因为不懂玩法导致变现困难。

而现在，越来越多的企业在知乎找到了商业运营上的突破口。有通过深耕内容创作，强势扩大品牌效应的，也有通过知乎寻找到新品牌流量洼地的，更有通过知乎加速品牌商业化进程的。

那么，到底怎么做才能快速吸引精准粉丝？那些通过知乎平台迅速掘金甚至加速企业商业化进程的品牌又做对了什么？

5.1 企业及品牌在知乎如何起号？

根据知乎官方透露，早在 2019 年 8 月就有超 3 万品牌入驻知乎，涵盖了媒体、政府机构、知名品牌、中小企业。一共创作了 140 万篇共计 19 亿字的内容，获得了超过 5480 万次赞同和 700 万次感谢。"一个问题一条街，一个回答一家店"的概念，早已深入人心。

就在众多企业纷纷入驻知乎进行掘金的同时，也有一些企业心怀疑问、驻足徘徊，不知道该如何操作。那么本节，就详细介绍企业号在知乎该如何运营。

5.1.1 做好账号包装，快速吸引用户

在知乎，账号主页就相当于一个企业的门面，也是用户与品牌进行接触时唯一能够快速加深了解的入口。因此，作为企业答主，"装修"好自己的账号主页尤为重要。那么该如何"装修"自己的账号，才能让用户在看到的第一时间就快速熟悉品牌、建立好感呢？答案非常简单，只要符合下列四大原则即可。

账号昵称好记易懂： 奥迪汽车、米其林轮胎、企查查这种极具品牌知名度的大品牌可以用品牌名直接作为账号昵称。如果是新品牌，建议在账号昵称后加上所属领域，以便用户在看到账号的第一时间就知道这个账号是做什么的。等日后品牌知名度扩大以后，再用品牌名直接作为账号昵称。例如，新品牌名叫作"快小二"，提供上门厨师服务，那么在撰写账号昵称的时候，就建议写成"快小二聊美食""快小二上门做美食""快小二|美食专家"。

账号头像避免频繁更换： 在知乎，平台账号头像就像一个账号的标志，要想脱颖而出让人记住，那就不能经常更换。伴随着企业答主在平台上输出内容的增多，在日积月累当中，平台用户对企业答主的头像就形成了下意识的符号记忆。如果频繁更换，就会让用户失去这个记忆，从而抹去既往对于品牌的认知，企业账号之前所积累的势能，也会随之被削弱。所以，企业账号的头像在账号创建之初就要敲定好，一旦设置就要避免频繁更换。

主页背景图突出实力： 账号主页当中最吸引人的位置，就是主页背景图，也是平台用户第一眼就会关注到的，是用户了解企业的入口。作为企业答主，我们要充分利用好这个地方。关于背景图，有以下四种设置思路。

思路一：可以多放一些企业所获荣誉图片，强调企业的权威性；

思路二：直接放企业形象照片，证实企业实力；

思路三：可以放企业最新产品和代言人的照片，进行品牌宣传；

思路四：放企业内知名员工、创始人的形象照，拉近距离、广而告之。

账号简介简洁明了： 虽然说账号简介确实是用户了解企业的途径，但撰写时也不要把账号简介写得太过冗长，那样只能给用户一种抓不住重点的感觉，进而对账号失去记忆点。在一般情况下，账号简介用一两行字把企业是做什么的、主营业务是什么写清楚就可以了。如果是知名大品牌，已经不需要强调所属领域和自己的服务，也可以直接用企业经营理念/产品理念作为账号简介，凸显品牌态度。

如图 5-1 所示，知名品牌奥迪的账号主页，就非常符合上述四大特征。因为是知名品牌，所以选择了用品牌名作为账号昵称；同时头像是非常有辨识度的奥迪 Logo "四个圈"；账号背景图用代言人与自家产品的合影，彰显了企业实力；最后，因为是知名品牌已经不需要强调自己的所属领域，因此使用了产品理念作为账号简介，简洁明了。

图 5-1 奥迪的账号主页

5.1.2 将账号拟人化，快速获得好感

众所周知，人们很难对毫无感情、只会回复冰冷汉字、无法实时与自己互动的机器人产生好感。同样的道理，企业注册完账号，确定经营

策略、产品理念、服务策略之后并非万事大吉,还要将这些内容更具象地传递出来。这个时候,将企业账号拟人化,让企业像一个真实存在的、活生生的人一样,与用户保持密切互动,就显得尤为重要了。

这样,在日积月累的互动当中,用户才能通过感受企业答主的语言风格、内容价值、发布领域,来把握品牌的调性、用户特征和服务理念。在一般情况下,将企业账号拟人化只要把控好下面这两点就足够了。

给自己设立一个亲民又好记的昵称: 这一点非常好理解,就和人的大名、小名一样,大名是我们对外办事用的功能性的名字,小名是亲友家人进行感情互动时叫的名字,一个好的"小名"或昵称能够瞬间拉近与用户的距离、快速建立感情连接。在取昵称的时候可以从品牌名+哥/妹妹入手,这样会让用户有一种在和活生生的人聊天、交友的感觉。比如天眼查在知乎平台互动时就总会称自己为天眼妹,久而久之,这个称呼在知乎平台已经深入人心。

给账号赋予鲜明的性格: 做企业账号不要害怕表达自己的性格和观点。企业答主要通过为账号赋予鲜明的性格特征而让用户快速记住自己,同时快速吸引与自己品牌调性相吻合的用户。比如目标用户群体是年轻人,产品是黑科技手表,那账号就可以是大大咧咧、爱玩爱闹、爱探索、敢怒敢言的性格。我们还是拿天眼查举例,如图5-2所示,从这个账号的回复不难看出这个账号的性格特征是逻辑严谨、热心肠、喜欢求真。这些性格特征正好匹配其服务,提供企业信息查询。

图 5-2 天眼查回复内容

5.1.3 做好企业认证，快速获得信任

为了保障企业答主信息的真实性与安全性，知乎平台为入驻的机构/品牌/公司提供了认证服务。通过身份认证的账号，在知乎PC端（电脑端）的账号名称右侧会显示认证标识，在知乎手机端的账号名称下方会显示认证标识。同时账号主页简介会显示企业、机构版本，如图5-3所示。

图 5-3　知乎企业/机构认证后账号主页

认证过后的机构号能够在知乎享受名称保护、数据分析等额外权益，并可以在对外展示、营销推广、账号权重等方面享受更多有价值的个性化服务。

5.2 企业及品牌在知乎掘金的步骤

将账号装修好、为账号赋予人设之后，企业答主就要在知乎上"掘金"了。那么，具体该如何运营才能达成目的呢？为什么很多企业答主运营了很久，却收效甚微，甚至面临被封号的尴尬？遇到这些情况，可以从以下几步着手解决。

5.2.1 第一步：三层圈定，扩大品牌曝光

在很多企业答主眼里，创建企业账号的目的就是品牌曝光、变现，所以只创作跟自己品牌相关的内容就好了，至于平台用户的生活闲聊话题、平台用户生活里遇到的具体问题，都与自己无关。其实，这种思维是非常局限的，不但会让自己账号的流量缩减，错失很多在用户面前展现自己的机会，还会让品牌与用户之间的距离感拉大，进而拉长用户与品牌熟悉度、好感度建立的时间。

在 2021 年，知乎官方就明确提出知乎平台的三层种草问题逻辑，如图 5-4 所示。

企业答主账号只需要围绕这三层逻辑，逐步输出内容进行种草，就能收获好的结果。下面，就来详细介绍一下，具体该怎么通过这三层种草问题逻辑进行布局，从而锁住更多用户，赢得更大品牌曝光。

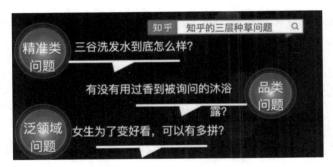

图 5-4 知乎三层种草问题逻辑

（1）第一层问题：精准类问题

阐述：精准类问题就是与品牌、产品正向相关的话题。企业答主需要在知乎平台内主动搜索这样的问题进行回答，同时主动通过想法、文章、视频发布相关的内容，吸引用户来了解自己的品牌、产品。

与此同时，伴随着品牌知名度的扩大，很多用户在心中都会对产品和品牌产生这样或那样的疑问，进而在知乎发问。这个时候，企业账号

作为品牌的所有者站出来发布官方声音，也能够起到类似新闻发布会的作用，把控和管理好自身品牌、产品的舆情。

作用：加深用户对企业品牌、产品的认知，增加曝光度，圈定品牌的潜在客户。

案例：如图5-5所示，华为企业官方账号就针对用户提出的关于自家品牌动向的问题进行了回复，解答了用户心中的疑惑。

（2）第二层问题：品类问题

阐述：品类问题就是与各位企业答主所处的行业及领域密切相关的问题。这类问题往往不是针对某个品牌或某个产品发问，而是针对某类产品和某个行业发问。这样的问题，往往与用户的生活有着强相关性，

图5-5 华为官方回答

能反映出用户在生活里遇到的实际问题和痛点。当用户产生困惑时，哪位企业答主能够通过细致、专业的讲解解开用户的疑惑，哪位企业答主就能抢占先机获得用户的好感。因此，企业账号运营的时候，也可以多多发布这样的内容。

作用：强调专业度、使用户产生好感，突出品牌优势和产品的问题解决力，圈定品牌的意向客户。

案例：如图5-6所示，奥迪官方就针对自身所处领域问题"汽车领域有哪些黑科技"进行了回答，让广大用户对汽车黑科技有了全新的认知。

（3）第三层问题：泛领域问题

阐述：泛领域问题，往往与企业答主的品牌、产品没有相关性，但能够反映出用

图5-6 奥迪官方回答

户的一些隐性需求，与用户的生活密切相关。针对这样的问题，各位企业答主只要觉得"这个话题我能说上两句话，可以用我所掌握的知识给出答案"就可以回答。企业答主多多回复这样的问题，能够让品牌离用户更近，让品牌的形象在用户面前更加立体、鲜活、具象。

作用：刺激品牌的潜在客户需求、触达更多陌生用户、增大品牌曝光。

案例：如图 5-7 所示，乍一看跷二郎腿和生病好像没什么关系，但是该账号用自己的专业见解回答了网友提出的关于跷二郎腿的问题。既拉近了与用户的距离，又科普了知识，增加了获得品牌曝光的机会。

图 5-7　知乎答主回答

5.2.2　第二步：铺关键词，吸引高精用户

知道了如何选择问题与平台用户进行互动还不够，社会知名度比较低的新品牌总会经历一个漫长的账号起号和品牌知名度扩散与建立的过程。在这个过程中，大多数企业账号都会面临"流量低迷、难以出圈"等问题。时间一长，很可能会放弃，认为知乎无法帮助自己提高品牌曝光度和吸引意向客户。殊不知，是自己没有掌握其中的运营关键。

早在 2020 年，知乎的上市财报中曾透露，知乎用户站内日均搜索量已经达到了 2570 万次。只要企业账号在输出内容时铺设好符合用户搜索习惯的相关关键词，就能被用户搜索并浏览到，这给了企业账号充分的品牌展现机会。

而事实上,知乎平台带给企业账号(新晋品牌)的机会可不止于站内。知乎问题回答、文章内容,在百度搜索中的排名也是非常靠前的。这也就意味着,在知乎输出内容时铺设好符合用户搜索习惯的相关关键词,就能够一站式获得知乎站内、百度搜索两大平台的流量,达到双引擎获客的效果。

更重要的是,这些流量和曝光机会都是用户主动搜索而来,需求性更强、付费意愿更大。

那么该如何铺设好符合用户搜索习惯的关键词呢?在具体操作之前,先来学习几个专业名词的概念,如表5-1所示。

表5-1 关键词的概念

专业名词	概念阐述
核心关键词	与自己产品密切相关的词。 比如产品是女装,那么女装、女裤、女裙、女士上衣,都算作核心关键词
长尾关键词	在产品核心关键词上,添加多种前缀、后缀、形容词的关键词。 比如核心关键词是女装、女裤,那么精品女装、韩版竞品女装、纯棉女裤、印花女裤,都算长尾关键词

了解关键词的分类和定义之后,接下来就要拆解核心关键词和长尾词都是如何发散和寻找的。

核心关键词的发散方法: 围绕产品、产品属性、服务进行发散。

比如产品是电吹风,那么核心关键词就是:电吹风、吹风机。

长尾词的发散方法: 围绕核心关键词,可以添加形容词、产品卖点、地名、适配人群、能解决什么问题、性能……

还是拿电吹风这个产品举例,按照上方的思考顺序,长尾词就可以是小型电吹风、易携带电吹风、家用电吹风、北京专售电吹风、静音电吹风、护发电吹风、大功率电吹风……

这里所讲述的关键词发散方式只是一个通用的思路，在实际操作的过程当中，设置关键词的思路其实还有很多。比如，也可以用疑问句当关键词，如"电吹风哪家好""什么牌子电吹风靠谱"等，在实际操作中需要灵活运用和总结。

确认长尾词是否符合用户搜索习惯：有很多企业答主在设置好关键词之后，并不确定这个词能否被用户搜索到、是不是用户所喜欢的，在这里，教给大家一个比较快捷的判断方法，那就是把设置好的核心关键词和长尾关键词输入百度搜索框当中，通过自动弹出的下拉菜单中自动推荐的热搜词，就能找出符合用户搜索习惯的关键词了，如图5-8所示。

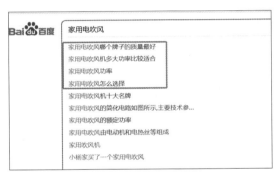

图 5-8　百度下拉菜单自动推荐热搜词

到这里，有些企业答主可能会发现，这样复核完毕之后，找出来的关键词大多是长尾关键词，担心热度会不会不太高，希望在核心关键词上边做一些文章，让用户一看到核心关键词就能想到自己的品牌。这就涉及关键词铺设的策略了。

如果之前接触过搜索引擎推广（即在搜索引擎如"百度、360"上以关键词竞价的方式打广告），就会发现核心关键词虽然热度很大，但是竞争也相当激烈，有些时候付费推广都很难得到曝光，所以新品牌想要在核心关键词上获利更是难上加难，需要漫长的关键词累积时间。而长尾词就不一样了，由于竞争的企业少，一般在内容当中铺设之后很快就会被百度收录，能够快速、免费占领百度搜索流量。同时，当知乎站内有用户搜索时，展现位置也会相对靠前，能够有更多机会被更多用户看到。因此，建议各位企业答主先从长尾词入手，找出和自己企业相关的尽可能多的长尾词，铺设在自己发布的内容当中。这样日积月累，获客效果也是非常可观的。

操作效果如图 5-9、图 5-10 所示，关于"电吹风什么牌子好"，同样的内容在知乎和百度都能够被搜索得到。更重要的是，哪怕是一个新账号、内容在知乎站内的排名并不高，只要关键词设置得好，在百度搜索时也一样可以使排名相对靠前。

图 5-9　百度搜索截图

图 5-10　知乎搜索截图

之所以能产生这种现象，是因为百度搜索收录信息的规则，是信息抓取式，只要内容发布在知名平台上并且和关键词相关，就可以被抓取和展示；而知乎排名是根据站内账号权重、活跃度综合得出，所以新号需要持续积累、多互动才能在站内将内容排名提前。

这种双引擎收录的模式给足了新企业答主展现自己的机会。只要持续发布内容并且在内容中铺设好关键词，就能够在全网增加曝光概率，获取更多客户。

5.2.3 第三步：利用矩阵，打造流量网

在运营企业账号的时候，有些企业会面临业务繁杂、系统庞大，一个官方账号无法全方位展示的尴尬情况。而且，官方企业账号还会受到法务、舆论、公司产品定位、价值观等多方面的限制，对于一些敏感话题、社会热点话题、更加贴合用户生活的日常话题，无法直接输出见解。这个时候，就需要充分利用矩阵思维了。企业答主可以通过多个账号的运营，扩大自己品牌的曝光范围，多方位展示企业的不同服务和产品，从而让更多用户对品牌建立好感并增强信任度。同时，也从不同维度吸引不同的意向客户，形成一个专属于自己的流量网。

关于如何利用矩阵思维打造流量网，笔者也总结了一些经验，供大家在操作中参考，如表 5-2 所示。

表 5-2 矩阵搭建方式

企业情况	矩阵搭建方式
业务多，附属项目组多	每个业务一个账号，每个账号主抓一块业务，或每个项目组一个账号，单点展示
业务聚焦，缺知名度	官方账号＋使用者账号（多个）结合，业务与口碑并行输出 若创始人时间宽松，也可考虑搭建创始人账号

续表

企业情况	矩阵搭建方式
公司有强烈的企业文化输出欲,有一定知名度、规模	官方号+员工号/门店号+创始人账号相结合,多方位展示企业全景
单纯想要获客且运营人员充足	官方号+官方小号相结合,赛马规则、优胜劣汰。可以让每个运营者针对自己对公司的理解创建一个账号,并自主运营,根据数据优胜劣汰

温馨提示：以上只是给出创建企业账号矩阵的常用思路，思路不唯一，可根据自身需求和人力情况进行调整。

如图 5-11 所示，秋叶团队就使用了不同项目组独立创建账号＋创始人 IP 账号的矩阵模式布局了知乎。无独有偶，华为品牌也基于不同业务线进行了知乎矩阵账号的创建，如图 5-12 所示。这样，每个账号主要围绕一个核心价值点进行输出，就能非常聚焦地抓住与之相匹配的用户。

图 5-11　秋叶团队矩阵式布局

图 5-12　华为品牌矩阵式布局

5.2.4　第四步：细节植入，构建营销闭环

知道了如何通过平台获取更多曝光还不够，对于企业答主而言，达成付费、实现业绩增长才是目的。但是，有 80% 的企业账号会面临内容

输出做得不错,也知道如何运营获取最大曝光、网罗更多客户,但迟迟无法成交的尴尬情况。针对此种情况,笔者总结了企业答主在促成成交时经常遇到的问题,供大家借鉴。

没有重视私信和互动:要知道用户和一个企业账号能够互动的前提是基于"充分信任且困惑尚未解开",这个时候只要企业答主多付出一些耐心,就会促成成交。因此,一定要积极回复平台用户发送的私信和评论,这样,用户才会觉得这个企业答主非常重视自己,而且非常真诚地想要帮自己解决问题,进而在解除心中困惑后选择付费。

注意价格把控:在运营的过程当中很多企业答主都会有"平台账号好不容易做起来了,我只针对这个平台的新用户发个福利、给个超低折扣吧,其他平台就不打折了"的行为。这看似是给特定平台上信任自己的用户格外关照,殊不知,损伤的是既往所有关注本企业的用户。那些不在打折范围内的老客户无意间了解到这些消息,就会产生不平衡心理,进而失去对品牌的好感。要知道,在互联网上是没有秘密可言的,因此,企业对自己的产品价格要做到统一把控,保持价格和优惠政策的一致性。否则就会给用户一种"它反正都会打折,我等等,万一以后折扣更大"或"我之前在它这买了很多商品都不给打折,一个新平台做起来了就打折了,没把老客户放在眼里"的感觉,反倒会导致老客户流失。

注意客服互动的时效性:很多企业答主都会通过"资源包获取、福利获取"的方式把粉丝引流到自己的私域,但是,如果用户已经成功引流到企业的客服微信,就要趁热打铁,第一时间给他们提供福利或进行互动,千万不要等晾了两三天之后再来互动,那样被吸引来的用户再次流失的可能性极大,答主之前所做的努力就全部付之东流了。

注意营销逻辑的紧密性:很多企业答主在账号粉丝达到一定数量之后,都拥有变现的意识。但是由于营销逻辑的缺失,会造成成交数据不尽如人意。事实上,想要成功变现非常简单,一般情况下符合这三点就可以:第一点,首单金额不要设置过高,给客户一个从体验到购买正式产品的过渡时间；第二点，引流到店铺之后，需要考虑清楚引流过来的用户的承接问题，到底是用活动刺激他们的购买需求，还是利用资料包给他们增值服务，然后再1对1沟通成交？这个路径需要清晰，同时服务时效性要强；第三点，思考清楚怎么能够留住用户，让用户持续付费。

注意直播的开设： 企业答主收获一定量级的粉丝之后，平台上很多用户一定会对公司和品牌、产品拥有这样或者那样的疑问。适当开一期在线直播，搞一次限时大促，一站式把用户心中的困惑全部解决，也是一种不错的选择。

5.2.5 第五步：巧用资源，增加品牌信任

企业在运营知乎账号的时候，需要学会借助平台和平台用户的力量，来扩大自己的品牌势能，增加品牌曝光度。而事实上，针对如何帮助品牌增加曝光度，知乎官方早就出台了一系列的活动、模块供各位企业答主选用。

一、拥抱平台资源的方法

平台官方有一些可以免费增加企业账号曝光量的功能，包括盐选、训练营、官方联合合作等。各位答主可以借助官方活动，让品牌/企业相关内容展示在更多用户面前。

（1）参与盐选、训练营合作

例如，企业/品牌可以发布盐选和训练营内容，此类内容会收录进官方的栏目。同时，官方会根据企业答主所发布的内容自动匹配分发到相应的问题下。如果官方账号在相关问题下拥有较高权重，发布时就具有较高排名。例如，针对问题"公务员考试承认非全日制研究生吗？"官方账号"考研小助手"会自动回答带有相应商业连接的内容，如图5-13所示。

第 5 章　赋能：企业及品牌如何掘金知乎？

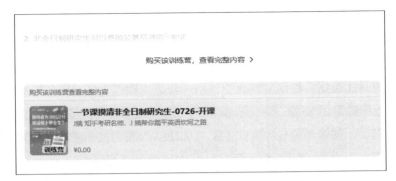

图 5-13　知乎官方回答

（2）参与内容联合活动

企业答主也可以通过和官方联合举办活动，来达到品牌/产品在知乎站内传播、种草的目的。例如，企业米哈游就联合知乎官方举办旗下游戏"原神"圆桌话题，为产品做宣传，如图 5-14 所示。

图 5-14　米哈游联合知乎举办的圆桌活动

米哈游联合知乎官方举办圆桌活动，介绍自己的产品，并通过商业平台对相关内容进行奖励，从而邀请用户发布和产品相关的软文广告。在圆桌活动举办期间，该圆桌话题获得超过 3500 万的浏览量。

（3）发起产品评测

各位企业答主可以通过发布"知乎众测"来挑选创作者参与试用产品，产生真实、具备参考价值的评测报告，帮助产品建立高信服力和用户信任度。

企业答主发布相应产品评测需求后，产品评测会出现在"活动广场"

189

且所有用户可见。用户申请评测资格后由商家甄选出品牌特邀创作者，品牌可以对评测内容提出具体的需求（如语言尽量精练、重点突出产品卖点和特点等）。在创作者发布评测文章后，品牌可以在后台看到相关文章的具体数据，根据文章数据，给予特邀创作者有针对性的回馈，让种草效果扩大。

例如，创作者参与吹风机品牌"AIRFLY"发布的知乎众测，发布了其使用感受文章，如图5-15所示。其内容获得了超过10万的阅读数，产生了良好的营销效果。

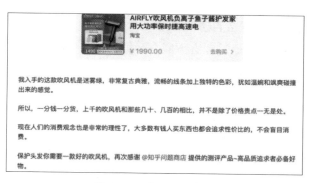

图5-15 产品评测案例

二、拥抱用户资源的方法

除了参与知乎平台官方活动之外，平台也为企业账号与头部答主建立了商业链接。企业账号也可以让平台上的头部答主为产品背书，带动平台上其他普通用户为自己的品牌发声，具体操作方式如下。

1. 头部答主投放

知乎内容以"硬核干货输出"为主，成为头部答主的前提是在内容等方面获得普遍的认可，这也就意味着这些头部答主在相应领域所发布的内容对于普通用户来说有较高的可信度，能产生较好的营销效果。企业/品牌可以通过MCN机构、知乎商业平台等方式联系到知乎相关领域的头部答主，通过头部答主发布相关领域文章/视频为企业/品牌引流、背书。

2. 吸引普通用户主动加入

普通创作者通过在文章中插入商品卡片，可以基于浏览量或购买返利获得收益，普通创作者选择的商品的依据是从收益角度、知名度角度综合考虑的。简单来说：商品如果有诸多头部答主背书，那么普通用户就会自发在输出的内容当中加入该商品的相关链接进行宣传，进而形成商品先由头部答主打爆，普通用户自发持续跟随推荐的现象。

5.3 企业及品牌在知乎掘金的典型玩法

知乎强大的流量效应和空前的商业价值持续吸引着诸多企业入驻、布局。近年，企业通过知乎平台抢占市场份额、让品牌再度爆火出圈、弯道超车、加速商业进程的不在少数，其中不乏一些新晋品牌。探究、汇总这些企业在知乎的典型玩法，可以帮助更多企业在知乎平台抓住机遇，实现利润的持续增长。

5.3.1 日常获客：强定位 + 持续干货 + 问题锁粉

在知乎有这样一个健康科普品牌，凭借在健康领域持续深耕，用684条回答、883个想法、299篇文章赢得超339万用户的关注与追随。那这个健康科普品牌都做对了哪些事情，才能达成如此高的成就呢？

1. 定位精准，聚焦品牌价值

健康是一个非常广泛的话题，包含了诸多复杂的领域，光是给人看病就有不同的科室，比如内科、外科、耳鼻喉科、皮肤科、儿科……此外健康领域还有营养健康、体育健康等。而该账号从繁杂的业务线当中抽离了出来，以大众生活为切入点，在定位上将自己的业务线高度概括成了"健康科普"。

这样的定位给足了该账号展示空间和话语权，让其顺理成章地回答所有能够和健康、医学搭上边的话题，同时也使得品牌形象更加贴近生活、更加立体。所以，如果企业的业务线复杂或者距离普通用户实际生活比较远的话，也可以从业务线和服务当中抽离出来，在定位上概括自己所属领域，先做领域知识科普。

此外，从营销角度上讲，企业建立账号之初就应该想清楚，这个账号是做引流、获客，还是做转化、成交？如果是引流、获客，那么输出的内容就要更贴近大众生活；如果是想直接促成转化、成交，那就要持续输出业务范围内的内容，同时多展示自己的企业、产品，直接吸引能付费的人群，放弃一部分普通用户。很显然，该账号从创建之初就确定了通过生活话题切入，做健康知识科普进行引流的营销方式，而非直接促成成交。

有了清晰的定位，接下来的事情，就好办很多。

2. 硬核干货、持续输出

通过做自媒体增强品牌势能最基础的要求就是持续地与用户互动。在知乎，又增加了一条，那就是要有硬核内容输出。很显然，在这一点上该账号做到了极致。其684条回答、191条视频、883个想法、299篇文章已经说明了内容的持续性。

而超339万的关注，每篇内容下近千的赞同，也证明了其内容的受欢迎程度。

3. 问题布局清晰，强化锁粉效力

该账号的内容布局，就非常符合本书前文提到的三层问题圈定，锁住更多用户、扩大流量入口的理论。如图5-16所示，其回答的便是精准问题，通过回答精准问题，输出专业知识，强调了品牌的权威性，获取了有术后护理困惑人群的好感。

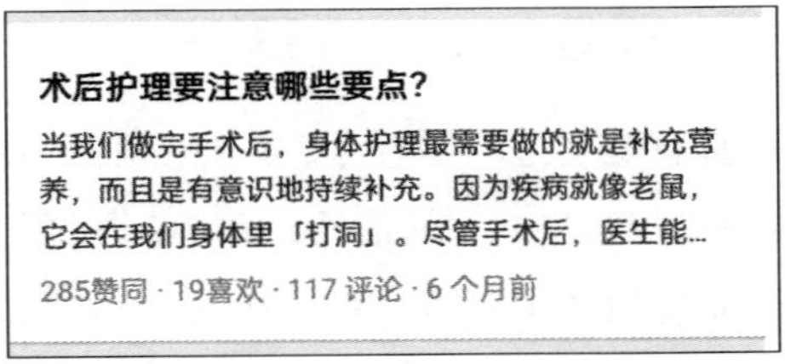

第 5 章 知乎 赋能：企业及品牌如何掘金知乎？

> **术后护理要注意哪些要点？**
> 当我们做完手术后，身体护理最需要做的就是补充营养，而且是有意识地持续补充。因为疾病就像老鼠，它会在我们身体里「打洞」。尽管手术后，医生能…
> 285 赞同 · 19 喜欢 · 117 评论 · 6 个月前

图 5-16　该账号回答精准问题

如图 5-17 所示，其回答的是健康领域相关问题，获取了更多关注烟草对健康的影响的人群的信任。

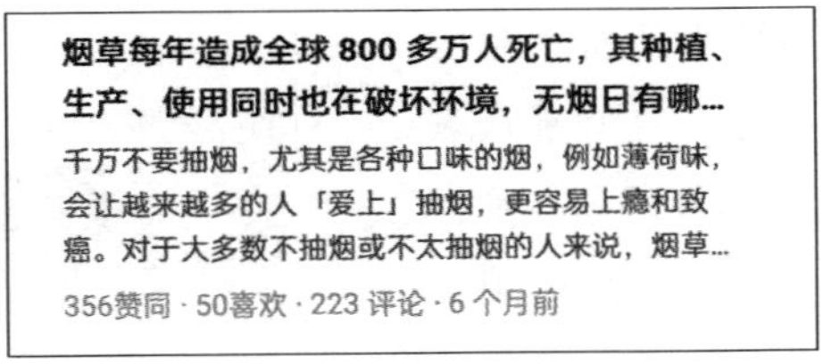

> **烟草每年造成全球 800 多万人死亡，其种植、生产、使用同时也在破坏环境，无烟日有哪…**
> 千万不要抽烟，尤其是各种口味的烟，例如薄荷味，会让越来越多的人「爱上」抽烟，更容易上瘾和致癌。对于大多数不抽烟或不太抽烟的人来说，烟草…
> 356 赞同 · 50 喜欢 · 223 评论 · 6 个月前

图 5-17　该账号回答健康领域问题

如图 5-18 所示，其回答的是泛领域问题。乍一看，"什么东西放久了还可以吃"和健康领域没什么关系，但是该账号通过从健康角度进行科普，博得了更多平台用户的喜爱。

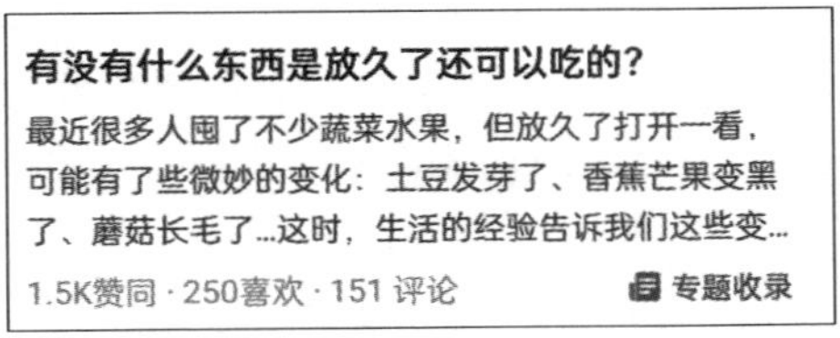

> **有没有什么东西是放久了还可以吃的？**
> 最近很多人囤了不少蔬菜水果，但放久了打开一看，可能有了些微妙的变化：土豆发芽了、香蕉芒果变黑了、蘑菇长毛了…这时，生活的经验告诉我们这些变
> 1.5K 赞同 · 250 喜欢 · 151 评论　　　专题收录

图 5-18　该账号回答泛领域问题

正是这样的问题布局，扩大了账号的流量入口，让品牌知名度在患者、医生和广大普通用户中都能扩展开来。

5.3.2 新品发售：任务发布 + 权威发声

知乎最大的优势就是通过问题种草、用户真实反馈，能够形成广泛的传播，从而快速建立与用户之间的信任，让口碑得以广泛传播。在知乎，就有这样一些新晋品牌抓住了机遇、快速切入，不仅快速积累了一批种子用户，还让这些种子用户发声为自己的品牌代言。那么，这些品牌是如何做到的呢？

1. 任务发布

在知乎 APP"我的→活动广场"页面，用户可以看到企业所发起的活动。如图 5-19 所示，在知乎众测页面，哪怕是毫无知名度的新品牌，也能发起评测任务，邀请平台用户发布关于自己产品的评测内容。

图 5-19　知乎众测任务页面

这就给诸多企业答主提了个醒，如果企业有新品正在研发或已经研发完成，不确定是不是符合用户需要，也可以通过发布众测任务，看一看真实用户的反馈，同时也能轻松获取第一批种子用户和真实客户口碑。

2. 权威发声

与此同时，当评测活动发起时，平台会为企业答主在报名人群中优先推荐在相关品类下既往活跃度高、有过回答的用户，企业答主也可以在报名用户当中，根据用户在平台内的等级、活跃度，选择让哪位用户进行评测并发布报告。这既借用了在平台内相关领域拥有高权重用户的影响力，又加速了品牌的扩散速度，加深产品在用户心目中的好感度。

除了借助权威用户影响力之外，平台还会帮助品牌创建若干话题，通过不同的话题和权威用户的宣传，吸引更多用户一起来讨论产品和相关问题，让品牌势能再度升级。如图 5-20、图 5-21 所示，这是某美容仪的产品众测任务所衍生的相关话题和网友讨论。

图 5-20　美容仪众测任务衍生话题　　图 5-21　普通用户探讨美容仪的作用

5.3.3　品牌造势：热点问题 + 用户互动

在知乎，有这样一个品牌，借势热点话题玩梗迅速出圈，收获众多粉丝关注，在传递出品牌调性的同时，也使用户提升了对品牌的好感度，它就是奥迪。

如图 5-22 所示，在热点话题"用汽车发动机煎牛排这事靠谱吗？"下面奥迪就第一时间进行回复，被知乎官方选为推荐回答，获得了 4000 多用户的点赞和 45 万用户的浏览。

这就给各位企业答主提了个醒，在运营企业账号的时候，也可以多多参与热度比较高的话题，通过"蹭热点"的方法将品牌曝光度提升。在这里，笔者要格外提醒一下，各位企业答主在回复热点话题时一定要注意：回复内容一定要条理清晰、干货满满，这样，才有概率被知乎官方推荐，获得更多流量。

图 5-22　奥迪汽车参与热点话题互动

除了品牌官方主动在热点话题下发声之外，各位企业答主也可以通过邀请自己的真实客户、校友、圈中好友在热点话题下进行讨论，来为品牌造势。如图 5-23 所示，一款蛋糕上市时，就邀请了该品牌的校友在热点话题下进行互动，同时对产品进行了介绍。

图 5-23　校友宣传商品的回答

目前，这个回答已累积 2.4 万次赞同。据该蛋糕品牌透露，那段时间，官方旗舰店近 70% 的销量是从知乎转化而来，给品牌带来约 70 万元的单日销量。

5.4 企业及品牌在知乎如何持续增值？

对于企业答主而言，布局知乎并不只是想获取短暂的流量红利，而是想要通过这个平台带来持续不断的新客户和新的品牌曝光。这个时候，学会数据复盘和拥抱平台，在平台上找出一条客户付费路径就显得尤为重要了。

5.4.1 学会数据复盘，进行持续优化

对于企业而言，一定是希望通过运营账号持续获得更多免费品牌曝光和意向客户的。那么，学会数据分析，利用数据来调整运营策略就显得尤为重要了。各位企业答主除了要掌握前文讲到的复盘整体流程和平台内数据复盘的技巧之外，还要着重关注下列两大指标。

搜索占比： 这个数据在创作中心后台高级数据处可以查看。如图5-24所示，在流量来源中搜索占比越高，证明内容当中所铺设的关键词效力越强，起到了增大曝光的作用；如果这个比例非常低，则证明既往的内容当中所铺设的关键词不符合用户搜索习惯，此时就需要重新更换关键词。

图 5-24　高级数据

成交率： 当一篇内容火爆之后，一定会有用户通过内容当中植入的营销插件进行付费。这个时候，企业答主就需要具备商业思维，测算出文章的成交率。这也为企业账号日后的运营提供了数据依据。那么成交率该如何计算呢？答案也非常简单：成交率＝成交人数 ÷ 阅读总人数。完成测算后，答主只要按照既往成交率较高的内容模式撰写新内容就可以了。

5.4.2 利用付费投放，持续为品牌造势

到这里，一定有企业答主觉得日复一日的内容输出和关键词铺设所带来的收益太过缓慢，那么也可以直接选择使用知乎官方所提供的付费推广平台。在知乎，付费推广一共有两种：一种是信息流广告，另一种是知+。

1. 知乎两大付费推广手段的区别

虽然信息流广告和知+都是知乎企业答主用来宣传自己的付费途径，但有着本质上的不同。

（1）推广逻辑差异

知乎信息流是根据大数据抓取用户使用偏好，再结合用户的性别、年龄、地区，综合推送品牌的信息给全平台用户。企业答主可以在账号后台自主设定用户的性别、年龄层、地区和偏好，针对自己的目标人群进行投放。

而知+是通过原创内容，让用户在与企业答主进行互动、沟通的过程中，在潜移默化中建立信任从而实现转化。

也就是说，知乎信息流广告属于针对指定的人群进行定向覆盖，知+针对的是所有对话题/内容感兴趣的人群，对用户年龄、性别、地区无筛选。

（2）转化路径差异

知乎信息流广告，是在分析用户消费、行为习惯后，直接推送产品信息，并支持用户在线下载、报名、预约。

而知+是在相关内容中直接植入商品链接/公众号/小程序/APP下载，实现的是兴趣引导。

相比之下，知+的转化路径要短一些。

（3）展现形式差异

知乎信息流广告有两种形式：一种直接出现在知乎APP开屏页上，另一种是直接出现在信息推送页面上，随知乎的其他问题一起推送，分

别如图 5-25、图 5-26 所示。用户无论对产品感不感兴趣，都能看到。

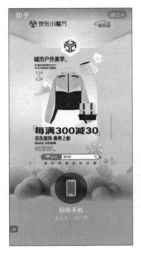

图 5-25　知乎开屏广告　　图 5-26　知乎信息流广告

而知＋营销组件则一般隐藏在内容回复页面中，只有用户真正阅读了文章/内容，才能看到，如图 5-27 所示。

图 5-27　知＋营销

2. 两大付费模块该如何使用

了解不同推广手段和它们的区别之后，各位企业答主可能还会对"到底这两大付费推广手段该怎么应用"心生疑问。针对于此，笔者根据不同企业现状和企业在营销当中遇到的具体场景及推广手段应对策略进行了汇总，供大家参考使用，如表 5-3、表 5-4 所示。

表 5-3　基于企业现状的投放策略

企业现状	推广手段
资金充裕、具备一定品牌知名度、人力充足，想增加更多曝光度、快速抢占市场份额	品牌推广为主
资金预算不足、知名度低，想扩大知名度但人力少、缺乏口碑积累	知 + 推广为主

表 5-4　基于营销目的的投放策略

营销目的	推广手段
新品发布	以知 + 大 V 投放、发布众测任务为主，宣传爆发期信息流推广辅助
日常获客累积	内容输出 + 知 +，持续积累口碑
活动宣传	活动期：信息流推广 + 知 + 大 V 投放
寻找低成本快速获客入口，有投放费用	信息流推广为主，持续核算投产比

如果企业资金实力雄厚，想要快速占领市场、快速获得资金回流、快速达到一个品牌知名度上的爆发，那么重点发力、大规模投放知乎信息流将是不错的选择。反之，如果企业资金实力、人员、知名度都不具备竞争力，那么可以重点发力内容输出、配合知 + 推广，一点点积累品牌的口碑。

最后，笔者温馨提示：上方所汇总的推广方式并不绝对，只是笔者根据自身实操经验而进行的一般规律汇总，仅供参考。实际操作中，还应根据公司实际情况反复进行筛选、重组、测试，最终选出一条最适合本企业的推广方式组合。